Manfred Bönsch

Die beste Schule für mein Kind

Was Eltern wissen sollten, wenn sie sich auf dem „Schulmarkt“ umsehen

Herder

Freiburg · Basel · Wien

Originalausgabe

Satz: G. Scheydecker, Freiburg im Breisgau
Druck und Bindung: Freiburger Graphische Betriebe 1994
Umschlaggestaltung: Joseph Pölzelbauer
Umschlagfoto: Richard Kalvar, © Focus, Hamburg 1993
ISBN 3-451-04306-8

Inhalt

Einleitung: Nimmt die Schule den Eltern die Kinder weg?

Das Verhältnis Eltern-Schule ist nicht ganz unbelastet. Mit der Schulpflicht beginnt für die Kinder der sogenannte Ernst des Lebens. Einerseits freuen sich Eltern und Kinder auf den neuen Lebensabschnitt, andererseits stellt sich die etwas bange Frage, ob es die Schule gerade mit dem eigenen Kind gut meinen wird und ob das eigene Kind Erfolge haben wird.

Die Kinder müssen eine neue Rolle (Schüler, Schülerin) übernehmen, sie müssen mit 20–30 anderen Kindern zusammen lernen, das Verhalten wird sehr viel strikter reguliert als im Kindergarten und in den meisten Familien. Das Familienleben verändert sich. Die Frage ist, wie? Stellt die Schule einfach eine Ergänzung zur Familie dar oder wird sie ein Kontrapunkt sein, der die Kinder verändert? Das Kind hat eine ganz bestimmte Bedeutung als Teil der Familie gewonnen. Die Beziehungen haben sich eingespielt, Spontaneität und Regelorientierung sind in eine Balance gekommen. Dies verändert sich unter Umständen. Die Schule wird nach einem behutsamen Anfang eine Reihe von Pflichten auferlegen, sie wird Leistung verlangen, sie wird Verhalten beeinflussen, sie wird das Kind verändern. Erziehungsauffassungen mögen divergieren, der Leistungsanspruch mag zur Belastung werden, die Kontrolle des Verhaltens wird größer, Spannungen mögen in die Familie hineingetragen werden. Die Kinder geraten in die „Fänge" einer zweiten Sozialisationsinstanz. Es könnte der Eindruck entstehen, daß die Schule die Kinder den Eltern wegnimmt! Von daher ist die Frage, was die Schule eigentlich will und was sie mit den Kindern macht.

Die markantesten Probleme sind:

- Die Schulpflicht ist für Schüler/-innen und Eltern bindend. Die zeitliche Organisation des Schulalltags verändert Lebensrhythmen.
- Da die Schule bei der Verteilung von Qualifikationen und Berechtigungen (Schulabschlüsse, Lebens- und Berufschancen) eine Monopolstellung hat, besteht zwischen Schule und Familie ein Kompetenz- und Machtgefälle, das sich über kurz oder lang in den Beziehungen zwischen Lehrer/-innen, Eltern und Kindern auswirken wird.
- Die Kontakte zwischen Eltern und Lehrer/-innen sind dadurch bestimmt, daß sie in der Regel in der Schule zustandekommen. Sie bringen für Eltern häufig Abhängigkeits- oder gar Unterlegenheitserfahrungen mit sich.
- Die in der Regelschule üblichen Leistungsforderungen bestimmen nicht nur in der Schule, sondern häufig auch in der Familie das Leben der Kinder und der Eltern, letzteres nicht nur in bezug auf die Hausaufgaben. Die Eltern-Kind-Beziehung verändert sich unter den Erwartungen der Schule (elterliche Mithilfe bei den Hausaufgaben, Schaffung von Leistungs- und Verhaltensvoraussetzungen).
- Wenn sich die Eltern in der Zuwendung und Anerkennung gegenüber ihren Kindern an deren schulischen Leistungen orientieren, können sich die Beziehungsqualitäten in der Familie einengen und reduzieren. Aus der Leistung der Kinder ziehen auch Eltern soziale Anerkennung. Dies kann Druck verursachen.
- Die Kinder reagieren auf die häufig als lebensfern, abstrakt und fachorientiert empfundenen schulischen Lerninhalte vielleicht bald mit Desinteresse, Gleichgültigkeit oder gar Angst. Dies hat Einfluß auf die Leistungen und kann daher schnell zu Belastungen führen.
- Werden die Lehrer/-innen als nett empfunden und entspannt sich damit die Lage schnell oder werden sie als streng und fordernd wahrgenommen, was die Distanz zur Schule schnell vergrößern kann?

Diese Problempunkte - sicherlich nicht vollständig - machen Hoffnungen und Ängste deutlich (Ulich, 1993). Die zugespitzte Frage „nimmt die Schule den Eltern die Kinder weg"? macht sich an ihnen fest. So möchte man möglichst eine Schule finden, die dem eigenen Kind am ehesten entsprechen könnte. Häufig sind aber die Wahlmöglichkeiten nicht groß, für die ersten vier Schuljahre schon gar nicht. Im städtischen Umfeld mögen die Alternativen größer sein als in ländlichen Bereichen. Die folgenden Ausführungen folgen zwei Absichten:

- Einmal sollen pädagogisch unterschiedliche Ausrichtungen von Schule dargestellt werden. Die Schulporträts können dabei konkrete Schulkonzepte und -realisierungen aufzeigen helfen.
- Zum anderen sollen wünschenswerte und vielleicht auch einführbare Konzeptelemente einer guten Schule aufgezeigt und entwickelt werden, die Eltern sich in der Regelschule wünschen könnten, die sie vorschlagen könnten und die bei einem guten Schule-Eltern-Kontakt Gegenstand gemeinsamer Erörterungen und Einführung sein könnten.

Schule soll für Eltern und ihre Kinder nicht ein fremder Ort sein. Wünschenswert wäre eine gemeinsame Gestaltung der Schule. Interesse der Eltern könnte neue Anstöße bewirken.

Was ist eine gute Schule?

Was ist eine gute Schule aus schulpädagogischer Sicht?

Von Zeit zu Zeit drängen sich in der schulpädagogischen Diskussion bestimmte Themen in den Vordergrund. Gegenwärtig scheint die Frage ‚Was ist eine gute Schule?' einen vorrangigen Diskussionstrend zu bestimmen. Nachdem in den 70er Jahren eher Organisationsstrukturen zur Verbesserung der Institution ‚Schule' diskutiert worden waren nach dem Motto ‚big is beautiful'(!), hat sich heute längst die Einsicht durchgesetzt, daß es gute und weniger gute Schulen in jeder Schulart gibt: so gibt es gute und schlechte Grund-, Haupt-, Real-, Sonderschulen, Gymnasien, berufliche Schulen, integrierte und kooperative Gesamtschulen. Entscheidend ist aber die Pädagogik der einzelnen Schule, der Geist, der in ihr herrscht, die Beziehungsstrukturen, die zum Leben kommen, die Leistungsanforderungen, die sie bestimmen, und die Arten ihrer Vermittlung, das Schulleben, das den Schuljahresrhythmus beherrscht. All das hängt wesentlich von den beteiligten Personen ab, also von den Lehrern/-innen, den Schülern/-innen, weiteren beteiligten Personen, von der Schulaufsicht und schließlich von den gesellschaftlichen Erwartungen und Einstellungen, die eine schülerorientierte Pädagogik stützen oder behindern.

Qualitäten des Lebens- und Lernraumes „Schule"

Zunächst darf daran erinnert werden, daß unter dem nun auch schon etwas älteren Begriff „Sozialökologie" schon in den siebziger Jahren Arbeiten erschienen sind, die Umweltbedingungen nach Gesichtspunkten der äußeren Begrenzungen, der

Handlungsmöglichkeiten, der Attraktionen und des Anregungsgehaltes klassifiziert haben (Moos, 1976; Trudewind, 1975). Danach sind wichtige Entwicklungsbereiche:

Stimulation durch Ausstattungen der räumlichen Umwelt:
- Anregung durch Spielzeug und Malgeräte
- Anregung durch Tierhaltung, Basteln, Hobby-Beschäftigungen
- Anregung durch Bücher, Zeitschriften, Hefte
- Anregung durch Massenmedien

Weite des Erlebnishorizontes
- Ausgestaltung der räumlichen Umwelt (Unterrichts- und Gruppenräume, Schülerbibliothek, Mediothek, Freizeitbereich, Mensa, Spiel-, Sport-, Freigeländeflächen)
- Bewegungsfreiheit in der räumlichen Umwelt
- Frühes Einsetzen einer schülerorientierten Selbständigkeitserziehung
- Häufigkeit von Reisen, Ausflügen, Erkundungen, Praktika

Vielfalt, Intensität und Qualität der sozialen Kontakte
- Vielfalt der sozialen Kontakte unter Schülern
- Qualität der Kontakte mit den Lehrern/-innen
- Intensität der Kontakte unter Schülern und Lehrern
- Inhalt der sozialen Kontakte

Deutlich wird die Orientierung von Antworten auf die Frage ‚was ist eine gute Schule?' an einer Vorstellung von Schule, die nicht nur graue Lehranstalt sein soll, sondern vielmehr Lebens- und Lernraum. Dabei steht sicher das Konzept der Ganztagsschule im Hintergrund.

„Background-Variablen" der Schule

Wenn man dem Strukturierungspunkt ‚von außen nach innen' folgt, bilden die sogenannten Background-Variablen einen ersten Kriteriensatz. Dies beginnt bei den Lernvoraussetzungen der Schüler/-innen und dem Anregungsgehalt und den sozialen Faktoren der Elternhäuser, setzt sich fort mit schulischen Umweltvariablen und regionalen Bedingungen (schulfreundliche Kommunen, Differenziertheit des Schulangebots) und geht bis zu Fragen der pädagogischen Autonomie der Schule, der schulaufsichtlichen Anregung, Stützung und Beratung pädagogischer Weiterentwicklungen, der Stützsysteme der Lehrerfortbildung und den personellen und sächlichen Ressourcen einer Schule.

Ethos, Geist und Klima

Einen Kernbereich markieren die Stichworte ‚Ethos, Geist und Klima'. Die Schulforschung sagt heute ziemlich deutlich, daß die Größe einer Schule kein hinlängliches Kriterium für eine gute Schule ist. Die Güte einer Schule hängt von ihrer unverwechselbaren Individualität ab: Schulen sind ‚Individualitäten' mit eigenem Profil.

So kann eine gute Schule gleich welcher Art auf bestimmte Qualitäten verweisen, die ihr zu eigen sind.

Kommunikative Ethik

Im Zusammenleben und -arbeiten von Menschen muß man sich immer wieder über die den Alltag leitenden Werte und Normen verständigen. Die Achtung voreinander, Fairnis und Ehrlichkeit, wechselseitiges Vertrauen, Zeit füreinander haben, Beziehungsstrukturen, die Pflichten und Freiheiten gut ausbalancieren, Interesse am anderen sind leicht zu formulierende Ziele; sie ergeben sich aber nicht von selbst. In einer guten Schule muß es genügend Anlässe und Gelegenheiten geben, um den Sinn, die Wichtigkeit, aber auch die Veränderbarkeit der die wechselseitigen Beziehungen leitenden Gesichtspunkte immer wieder neu zu ‚erarbeiten'. Wenn man vom Geist spricht, der in einer Schule herrscht, meint man ja immer den gelebten und reflektierten Alltag, der einen annimmt, fördert, anregt, auch verpflichtet, der von allen Seiten aber so gemeint ist. Fend spricht von vier Bemühungen um das Ethos einer Schule (Fend, 1986).

- Integrationsarbeit: Wie wird an der Kultivierung der Alltagsgegebenheiten gearbeitet, gibt es dazu Gespräche, institutionalisierte Anlässe, wie werden Nachkommende integriert, können die ‚Alten' überzeugen? Oder sind die Werte und Normen des Alltags ständig neu zu gewinnen im Umgang miteinander?
- Überzeugungsarbeit: Können Perspektiven und Sinnvorgaben entwickelt und einander wichtig gemacht werden?
- Moralarbeit: Findet eine kontinuierliche Bemühung gegen Nachlässigkeit und Gleichgültigkeit, gegen Unterdrückung und belastenden Egoismus statt?
- Sprachregelungsarbeit: Mit welcher Sprache werden in der Schule Anerkennung und Wertschätzung, Abweichung und Konsens, Integration und Besonderheit benannt? Über die Sprache kommt mehr vom Alltag zum Ausdruck, als man gemeinhin denkt.

Das Klima einer Schule

Sieht man die bisherige Literatur zum Thema durch, taucht durchgehend als entscheidender Faktor einer guten Schule das Schulklima auf. (Aurin, 1991²) nennt folgende Gesichtspunkte:

- Gemeinsame Planungen und kollegiale Beziehungen auf der Lehrer-/-innenseite, Bemühungen um Arbeitszufriedenheit,
- Zusammengehörigkeitsgefühl bei allen Beteiligten,
- Klare Ziele und hohe Erwartungen, die von allen geteilt werden,
- Ordnung und Disziplin im Sinne von klaren Strukturen (Lern-, Handlungs-, Zeit-, Raum- und Materialstrukturen) und verabredeten Verhaltensregeln (Vertragsdenken),
- Verläßlichkeit in der Alltagsarbeit,
- fairer Umgang mit abweichendem Verhalten,
- Freiheit und Initiative ermöglichende Ordnungen,
- humane, auf Vertrauen gründende Kultur des mitmenschlichen Umgangs,
- Fördern und Fordern als didaktisch sich ergänzende Formen pädagogischen Handelns,

- Leistungs- und Wertbezogenheit des Unterrichtens,
- Redlichkeit von Schulen,
- ein Schulleben, das sich auf die Lebenswelten und -bedürfnisse von Schüler/-innen einläßt.

Die Schule ist alles in allem „a place to grow up in", wie Paul Godman es einmal formuliert hat. Fend hat weitere Merkmale genannt (Fend, 1986):
- In guten Schulen herrscht keine miese Stimmung unter den Lehrer/innen. Unzufriedenheit und Gereiztheit sind nicht chronisch.
- In guten Schulen herrscht keine aggressive Stimmung gegen die Schüler. Es wird nicht dauernd und ausschließlich über „Schrott", „Dünnbrettbohrer" und „Pfeifen" gesprochen.
- In guten Schulen haben Lehrer und Lehrerinnen Zeit für die Schule.
- In guten Schulen fühlen sich Lehrer/-innen und Schüler/-innen angenommen, akzeptiert, bekannt und gesehen. „Ich bin da, und die anderen wissen das" – dies ist eine wichtige Grundstimmung.
- In guten Schulen ist eine freundliche und lockere Atmosphäre spürbar. Lehrer/-innen sind gern da, Schüler/-innen fühlen sich wohl und Eltern haben den Eindruck, ihr Kind ist dort gut aufgehoben.

Deutlich wird mit den genannten Merkmalen sicher, daß eine Grundgestimmtheit, ein positives Klima, eine angenehme Atmosphäre entscheidende Indizien für eine gute Schule sind.

Regeln und Rituale, Ereignisse und Ergebnisse
Auch Hinweise darauf, wie eine Schule zum Leben kommt, wie sich in Regeln, Routinen, Ritualen, Ereignissen und dokumentierten Ergebnissen der Alltag realisiert, können gute Kriterien liefern. Gute Schulen sind gestaltete Schulen, im sozialen wie im räumlichen Bereich. Sie sind keine Wartesäle dritter Klasse, keine Notunterkünfte und Kasernen. In guten

Schulen passiert etwas, es ist „viel los". Feste werden gefeiert, Ausflüge werden organisiert, Ausstellungen werden organisiert, Schulfahrten finden statt, Schullandheimaufenthalte gehören dazu, Spiel- und Wandertage finden statt. Dabei ist die Vorbereitung so wichtig die die Durchführung selbst. Veranstaltungen werden nicht für jemanden durchgeführt, sie sind gemeinsame Anliegen.

Der Schulalltag hat seine festen Regeln und Rituale. Die Woche beginnt z.B. mit einem Gesprächskreis, mit einem gemeinsamen Musizieren, die Pausenkultur ist ausgeprägt. Die Woche hat ihre festen Einrichtungen, z.B. ein pädagogisches Forum am Ende der Woche. Diese Schulen sind nicht überbürokratisch, sie verschüchtern Schüler/-innen nicht, sie ersticken Aktivitäten nicht in übermäßig vielen Regelungen und Ängstlichkeiten. Spontaneität, Kreativität, auch Risikobereitschaft kennzeichnen Aktivitäten wie die dafür notwendige Nutzung von Räumen, Geräten und Materialien.

Möglich ist dies nur, wenn nicht Chaos, Strukturlosigkeit, Vandalismus, Rohheit und Verantwortungsentzug herrschen, sondern die sozialen Beziehungen wie die Leistungsansprüche klar formuliert sind und von allen getragen werden können. Hier zeigt sich, daß die wichtigen Regeln und Rituale gebunden sind an die vorher skizzierten Bemühungen um ein bestimmtes Ethos des Miteinanderumgehens, auch Miteinanderringens um bestimmte Grundauffassungen der gemeinsamen Arbeit.

Die gewährten Lernchancen und die ungewollten Lerneinschränkungen

Der zentrale Bereich von Schule ist Unterricht. Unterricht ist eine Veranstaltung, die bei Lernenden Lernen bewirken will. Also muß sich die Frage ‚was ist eine gute Schule?' auch auf den Unterricht beziehen.

Aus Untersuchungen wissen wir seit Jahren, welche Strukturmerkmale ein stark *lehrerorientierter* Unterricht hat (Tausch, 1970[5]). Der Unterricht in Klassen hat mehrere Strukturdefizite. Er muß sich in seinem Fortschreiten an einem angenommenen, meist nicht genau feststellbaren Lernfortschritt orientieren, er kann auf das individuelle Lerntempo und Lernweise der Schüler/-innen nur begrenzt eingehen. Je mehr Schüler/-innen am Unterricht teilnehmen, desto begrenzter sind Möglichkeiten, sich einzubringen. Ganz abgesehen davon wird das eigenverantwortliche Lernen eingeengt. Eigene Interessen, die auch ernstgenommen werden, können die Schüler/-innen nur schwer entwickeln.

Unter dem Sammelbegriff des ‚offenen Unterrichts' hingegen sind die inzwischen recht gut beschreibbaren Teilkonzepte des wahldifferenzierten Unterrichts, der Wochenplanarbeit, der freien Arbeit und der Projektarbeit zu fassen (Bönsch, 1992). Ihr Anliegen ist, einen Beitrag zu einer guten Schule mit der Realisierung folgender Ziele zu leisten:

- Hinsichtlich der Lernpflichten, des Lernsolls sollen die Schüler/-innen Zeit- und Handlungsstrukturen sowie Materialien angeboten bekommen, die ihnen erlauben, ihr Lernen zeitlich variabler zu gestalten. Sie können sich so Hilfen holen, die ihrem Lerntyp angepaßter sind.
- Dabei sollen gegenseitiger Austausch und Zusammenarbeit bessere Chancen bekommen. Sie werden als dem Lernen sehr förderlich angesehen.
- Hinsichtlich der Entwicklung von Interessen, individuell bestimmter Wichtigkeiten für das Lernen – beides unaufgebbare Bestimmungsmomente des Lernens, das auf Bildung zielt – ist es wohl bedeutsam, dem Schüler/der Schülerin neue Möglichkeiten zu lernen zu eröffnen.
- Gesellschaftlich-politisches Lernen besteht darin, an gemeinsam für wichtig erachteten Problemen und Projekten zu arbeiten.

Deutlich machen muß man sich dabei, daß selbstgesteuertes und individualisiertes Lernen möglicherweise mit den curricular vorgegebenen und mit Leistungskontrollen abgefragten Lernzielen nicht übereinstimmen muß. Das ist eigentlich logisch. Die Frage ist, wie diese Diskrepanz bewahrt wird: wird sie als Manko angesehen oder als eine bejahte Alternative? Wahrscheinlich ist es notwendig, offene Unterrichtsformen und direkte Anleitungen durch die Lehrer/-in zu verbinden: Untersuchungen zeigen, daß ein von möglichst allen geteilter Leistungsanspruch immer wieder auch als ein Merkmal guter Schulen identifiziert wird (Haenisch, 1989).

Weitere Merkmale

- Funktionieren der Organisation
  Das „Organisationsgetriebe" soll möglichst reibungslos funktionieren. Dazu gehören: die Organisation des Alltags, eine gewisse Stabilität und Kontinuität des Kollegiums, also möglichst wenig Lehrerfluktuation sowie möglichst wenig Ausfall- und Vertretungsstunden. Ebenso wichtig: pünktlicher Unterrichtsbeginn und wenig vorzeitig beendete Stunden (Rutter u. a., 1980). Gerade auf solche Kleinigkeiten scheinen auch die Schüler Wert zu legen (Haenisch, 1989).
- Schulinterne Lehrerfortbildung
  Ein weiteres Kennzeichen guter Schulen ist die regelmäßige *schulinterne* Fortbildung des Kollegiums. Ziel ist dabei, in gemeinsamer Auseinandersetzung Transparenz und wechselseitige Orientierung in die gemeinsame Arbeit zu bringen.
- Das Zusammenwirken von Schule und Elternhaus
  Eltern müssen, wie es einige Erlasse der Kultusministerien ja auch fordern, konsequent und kontinuierlich über die Ziele und die Arbeit der Schule informiert werden. Andererseits müssen die Lehrer/-innen Elternhaus und Herkunft der Schüler/-innen gut kennen. Eltern sollten sich so häufig wie möglich am schulischen Geschehen beteiligen und die Arbeit der Schule unterstützen.
- Pädagogische Schulleiter/-innen
  Eine wichtige Rolle spielen Schulleiter/-innen, wenn sie ihre Führungs- und Beratungskompetenz für die Schule einsetzen. Gute Schulleiter/-innen sitzen nicht in ihrem Büro, sondern strecken überall in der Schule ihre Fühler aus und

haben ständigen Kontakt mit Lehrer/-innen und Schüler/-innen. Sie geben Impulse, sie regen Initiativen an, sind offen für neue Ideen, ständig bemüht, die pädagogische Arbeit in der Schule zu verbessern. Sie würdigen die Arbeit der Lehrer/-innen, geben Ermutigung, öffnen die Schule nach außen, bereiten die Wege für die Zusammenarbeit mit den Eltern.

- Unterstützung durch die Schulbehörden
  Die Schulbehörden müssen, wenn sie gute Schulen wollen, die pointierte Rolle des Beraters und Helfers einnehmen. Die wohlwollende Unterstützung von Initiativen, die pädagogische Beratung müssen zentrale Aktivitäten sein. Schulen brauchen die wohlwollende, engagierte und anregende Unterstützung der Schulaufsichtsbehörden.

Literatur

K. Aurin (Hrsg.): Gute Schule – worauf beruht ihre Wirksamkeit?, Bad Heilbrunn, 1991[2]

W. Baßmann / K. Dehnbostel / G. Drenkelfort: Gesamtschule. Lernen ohne Angst, Frankfurt/M., 1981

K. O. Bauer: Erziehungsbedingungen an Sekundarschulen: Eine empirische Untersuchung an sechs Schulformen der Sekundarstufe I, Weinheim/Basel, 1980

R. Bessoth: Organisationsklima an Schulen, Neuwied und Frankfurt/M., 1989

R. Bessoth: Verbesserung des Unterrichtsklimas, Neuwied und Frankfurt/M., 1989

M. Bönsch: Lernökologie, Essen, 1986

M. Bönsch: Schule verbessern, Hannover, 1990

M. Bönsch: Schüler aktivieren, Hannover, 1993[3]

M. Bönsch: Variable Lernwege. Lehrbuch der Unterrichtsmethoden, Paderborn, 1991

M. Bönsch: Offener Unterricht in der Primar- und Sekundarstufe, Hannover, 1993

F. Bohnsack u. a.: Schüleraktiver Unterricht, Weinheim, 1984

J. E. Brophy / T. L. Good: Die Lehrer-Schüler-Interaktion, München – Berlin – Wien, 1975

G. H. Bulla: Probleme einer Organisationsentwicklung in der Schule, Frankfurt/M., 1982
K. Czerwenka u. a.: Schülerurteile über die Schule, Frankfurt/M. - Bern - Paris, 1990
H. Dreesmann: Unterrichtsklima, Weinheim - Basel, 1982
P. Fauser / A. Flitner / K. Fintelmann (Hrsg.): Lernen mit Kopf und Hand, Weinheim, 1983
H. Fend: Konformität und Selbstbestimmung, Weinheim, 1971
H. Fend: Schulklima: Soziale Einflußprozesse in der Schule, Weinheim - Basel, 1977
H. Fend: Gesamtschule im Vergleich, Weinheim - Basel, 1982
H. Fend: „Gute Schulen - schlechte Schulen", in: Die Deutsche Schule, 1986, S. 275-293
H. Fend: Was ist eine gute Schule? in: Westermanns Pädag. Beiträge 7/8, 1986
M. Giaconia / L. Hedges: Identifying Features of Effective Open Education, in: Review of Educational Research, 1982, S. 579-602
H. Haenisch: Gute und schlechte Schulen im Spiegel der empirischen Schulforschung, in: K.-J. Tillmann (Hrsg.): Was ist eine gute Schule?, Hamburg, 1989
K. Hage u. a.: Das Methodenrepertoire von Lehrern, Opladen, 1985
H. v. Hentig: Was ist eine humane Schule?, München - Wien, 1976
Hessisches Institut für Bildungsplanung und Schulentwicklung (Hrsg.): Qualität von Schule, 4 Hefte, Wiesbaden, 1987
W. Klafki: Neue Studien zur Bildungstheorie und Didaktik, Weinheim - Basel, 1985
U. Lorenz / H.-J. Ipfling (Hrsg.): Freude an der Schule, München, 1979
R. H. Moos: The Human Context. Environmental Determinants of Behavior, New York, 1976
H.-U. Peter: Die Schule als soziale Organisation, Weinheim, 1973
H. Roth: Pädagogische Anthropologie, Bd. 1, Hannover, 1971

U. Rauin: Differenzierender Unterricht: Empirische Studien im Überblick, in: Hessisches Institut für Bildungsplanung und Schulentwicklung (Hrsg.): Untersuchungen zur Qualität des Unterrichts, Wiesbaden, 1987, Heft 3 zum Thema „Qualität von Schule"
M. Rutter u. a.: Fünfzehntausend Stunden-Schulen und ihre Wirkung auf die Kinder, Weinheim – Basel, 1980
E. Skiera (Hrsg.): Schule ohne Klassen, Hamburg, 1985
U. Steffen: Erkundungen zur Wirksamkeit und Qualität von Schule, in: Die Deutsche Schule, 1986, S. 294–305
R. u. A. Tausch: Erziehungspsychologie, Göttingen, 1970[5]
K.-J. Tillmann (Hrsg.): Was ist eine gute Schule?, Hamburg, 1989
C. Trudewind: Leistungsmotivgenese und Umwelt: Probleme, Strategien und erste Ergebnisse, in: H. Walter (Hrsg.): Sozialisationsforschung, Bd. II: Sozialökologie – neue Wege in der Sozialisationsforschung, Stuttgart, 1975
E. Weber: Das Schulleben und seine erzieherische Bedeutung, Donauwörth, 1979

Was ist eine gute Schule aus der Sicht von Schüler/-innen und Eltern?

Wie nehmen nun Schüler/-innen die Schule wahr, was wünschen sie sich für eine Schule und welche Sorgen und Wünsche haben Eltern? Möglicherweise zeigen sich da noch andere Bedürfnisse und Interessen. Ich beginne mit Aussagen von Schüler/-innen, für die Schule ja geschaffen worden ist (in der Schule werden Schüler/-innen, nicht Fächer unterrichtet!).

Wie schätzen Schüler/-innen die Schule ein?

In einer internationalen Befragung (Deutschland, USA, Großbritannien und Schweden) sind insgesamt 10860 Schüler/-innen befragt worden. Die Ergebnisse lassen sich in aller Kürze wie folgt darstellen.

Gesamturteil über die Schule und Freude an der Schule

Positive Einschätzungen erfährt vor allem die Grundschule (57 % der Kinder äußern sich positiv, nur 7 % negativ).

Mit jedem Schuljahr mehr sinkt dann die Zustimmung:

	Positive Einschätzungen	Negative Einschätzungen
Orientierungsstufe	30,1 %	14,4 %
Hauptschule	26,3 %	18,8 %
Realschule	17,8 %	27,6 %
Gymnasium	23,2 %	26,6 %

Vor allem die Realschule erfährt eine negative Einschätzung, mehr noch als die Hauptschule und auch noch etwas mehr als das Gymnasium.

Ein Beispiel für ein drastisches, aber nicht untypisches Urteil einer Schülerin aus dem 9. Schuljahr der Hauptschule: „Schule ist ein Betonklotz, in dem man lernt. Überwiegend lernt man unnötigen Blödsinn. Wir müssen Schreiben, Rechnen, Lesen, Englisch und viel Sachfächer lernen. Das meiste, was wir dort lernen, ist Scheiße. In den Sachfächern lernt man Sachen, die höchstens Professoren brauchen." Die Aussage einer Grundschülerin: „Schule ist schön, Pause ist schöner, Ferien sind am schönsten."

Von dem Gesamturteil über Schule unterscheidet sich die Frage, ob ein Schüler gern zur Schule geht, denn es ist denkbar, daß die Schule zwar als wichtige und prinzipiell bejahte Institution erlebt wird, sie aber dennoch keine Freude bereitet.

Grundschüler gehen auch im 4. Schuljahr noch gern zur Schule. Dann nimmt die Freude stetig ab. Nach Schularten aufgeteilt, ergibt sich folgendes Bild:

Schule macht Freude

Schulart	%
GS	44,5
OS	25,4
HS	22,5
RS	12,7
Gy	18,8

Schule macht keine Freude

Schulart	%
GS	7
OS	12,9
HS	13,3
RS	22,2
Gy	17,1

Auch hier ergibt sich wieder, daß die Grundschule den Schülern am meisten Freude macht. Orientierungsstufe und Hauptschule liegen in etwa gleich. Die Realschule schneidet am schlechtesten ab. Mädchen fühlen sich übrigens in der Schule wohler.

Wieder mag ein drastisches Urteil eines deutschen Schülers aus dem 7. Schuljahr Einschätzungen charakterisieren: „Ein Gebäude, das man Schule nennt, das ist etwas, wo geile Mädchen ‚rumlaufen', wo es häufig Kloppereien gibt, es gibt Momente, wo man Lehrer abknallen müßte. Die Klassenräume sind voll öde. Das ist genauso wie Knast. Man stellt sich vor, man wäre ein Hund, der ständig mit der Leine herumlaufen muß, Schulknast."

Da jede Lehrerin/jeder Lehrer Unterricht und Schule anders gestalten möchte, stellt sich die Frage, was da wohl falsch läuft.

Urteile über Lehrer und Erziehungsstil

Es macht betroffen, daß die Urteile über Lehrer/-innen sehr negativ sind

Positiv

Klassenstufe	%
4	24,2
5	25,9
6	12,1

Negativ

Klassenstufe	%
4	18
5	25,9
6	40,3

Klassenstufe	%	Klassenstufe	%
7	16,8	7	41,9
8	10,8	8	44,6
9	4,3	9	56,8
10	9,4	10	69,4
11	3,3	11	65
12	2,1	12	37,5
13	8,2	13	49

Die Schüler beschreiben ihre Erfahrungen sehr deutlich. Wieder ein Beispiel, Schüler einer 9. Realschulklasse: „Es hängt auch viel von den Lehrern ab, wie die Stunde verläuft, ob sie langweilig oder interessant ist. Leider ziehen viele Lehrer nur den Unterrichtsstoff durch. Manche Lehrer können selbst die interessantesten Themen wahnsinnig langweilig machen, indem sie immer nur Formeln geben, das Thema zerreden oder ohne Begeisterung den Stoff vermitteln."

Dieser Schüler weist auf wichtige Sachverhalte hin (Unterrichtsmethodik, Lehrer/-innenengagement). Nach Schularten betrachtet, kommen auch hier Realschule und Gymnasium am schlechtesten weg. Die so oft kritisierte Hauptschule kommt dagegen recht gut weg. Offensichtlich ist die pädagogische Arbeit dort doch stärker an den Schüler/-innen orientiert.

Die Lehrer/-innen werden offensichtlich am ehesten akzeptiert, wenn sie ihre Unterrichtsfächer mit Engagement vertreten, im allgemeinen freundlich und gerecht sind, sich aber auch durchsetzen können und auch humorvoll sind. Sie sollen ihre Fächer allerdings nicht als „Nabel der Welt" betrachten. Allerdings scheint bei der Vermittlung des Lernstoffes noch einiges im argen zu liegen. Ein Mädchen aus dem 6. Schuljahr eines Gymnasiums in Bayern: „Es ist doch nicht gut, wenn der Unterricht langweilig gestaltet wird. Das ist zum Einschlafen. Aber einschlafen kann und darf man nicht, weil der Lehrer so laut ist."

Zensuren und Leistungsdruck

Das markanteste Thema ist für die Schüler/-innen das Thema ‚Leistungsdruck/Zeugnisse‘. Dazu wieder eine Übersicht:

Zensuren/Zeugnisse

thematisiert		negativ erlebt	
Klassenstufe	%	Klassenstufe	%
4	9,5	4	4,7
5	31,7	5	12,2
6	50,3	6	22,8
7	53,5	7	23,2
8	64,9	8	31,8
9	58,6	9	35,2
10	73,6	10	46,2
11	76,7	11	55
12	58,3	12	39,6
13	49	13	34,7

Nach Schularten aufgegliedert, kommen Realschule und Gymnasium am schlechtesten weg. Die Schüler/-innen sehen den Sinn der schulischen Leistungsanforderungen vor allem in der Vorbereitung auf das spätere (Berufs)Leben, weniger im Erwerb individueller Bildung, wie das etwa amerikanische Schüler/-innen sehr viel stärker tun. Mathematik, Deutsch, Sport und Englisch werden als besonders zentral angesehen unter dem Aspekt der Leistungsbeurteilung. Viel beliebter aber sind im Gegensatz zu den kenntnis- und reflexionsorientierten die sinnen- und tätigkeitsorientierten Fächer. Je mehr Anforderungen ein Schulfach im Verlauf der Schulzeit an Abstraktionsfähigkeit und Theorieverständnis stellt, um so kritischer und ablehnender werden die Kommentare. Mehr als die Hälfte der Schüler/-innen (53 %) äußert sich zu Leistungskontrollen – Arbeiten, Zensuren, Zeugnisse – negativ.

Lebensbedeutsamkeit der Schule

Der Wunsch, das Lernen in der Schule möge mehr mit der eigenen Person zu tun haben, den derzeitigen Interessen und zukünftigen Perspektiven oder einfach mit dem „Leben", ist in vielen der Schüleräußerungen nicht zu übersehen. Die Lebensbedeutsamkeit der Schule wird deshalb auch gar nicht so schlecht eingeschätzt:

bejaht

Schulart	%
HS	27,5
RS	25,5
Gy	24,4

bestritten

Schulart	%
HS	2,5
RS	5,8
Gy	13,2

Aber die Lebensfremdheit von Unterrichtsstoffen wird doch immer wieder getadelt. Schüler einer 12. Klasse: „Diese ganzen Jahre, die ich in die Schule gegangen bin, wurde mir fast nichts beigebracht, was ich später brauchen kann. Auch habe ich bis jetzt sehr wenig über unsere jüngste deutsche Vergangenheit erfahren. Aber dafür zum x-ten Mal das vorgekaut bekommen, was die alten Griechen und Römer damals so trieben."

Bilanziert man diese Einschätzungen, wird man nachdenklich. Das Wort ‚Schule' kommt aus dem Griechischen und bedeutet Muße! Schule als ein Ort, der einem hilft, groß zu werden, sein Ich zu finden, die vor allem persönlichkeitsfördernd ist, diese Vorstellung scheinen die Schüler/-innen nicht mit der Schule zu verbinden. Sie leiden eher an der Schule und machen dies an konkreten Punkten fest. Die Schule ist offensichtlich nicht so gut, wie sie sein müßte, um „a place to grow up in" (Goodman) zu sein. Vielleicht aber gibt es doch Modelle, die Orientierung geben könnten, um die Spanne zwischen Ist und Soll zu verringern. Die später dargestellten Schulporträts können dies leisten.

Erwartungen, Hoffnungen, Befürchtungen und Ängste von Eltern

Wenn Kinder zur Schule kommen, haben Eltern Erwartungen, Hoffnungen, aber auch Befürchtungen. Es werden Erinnerungen an die eigene Schulzeit wach. Die Grundeinstellung ist sicher, daß die eigenen Kinder möglichst eine positive Schullaufbahn haben mögen, daß die Lehrer/-innen die eigenen Kinder gut behandeln und fördern. Der Stellenwert der Schule ist in den letzten Jahrzehnten im Bewußtsein von Eltern gestiegen. So wünschen nach Befragungen über 50% der Eltern heute das Abitur als Schulabschluß für ihre Kinder, 36% den Realschulabschluß und nur noch 11–13% den Hauptschulabschluß (Rolff u.a., 1992). Galt früher der Satz „Je höher die Schulbildung der Eltern, desto höher auch die Bildungswünsche für die Kinder", so haben sich heute die Bildungserwartungen angeglichen. Andererseits besteht faktisch immer noch ein klarer Zusammenhang zwischen der sozialen Herkunft und dem schulischen Qualifikationsniveau. So ging 1989 z.B. in der Bundesrepublik jedes zweite Beamtenkind, aber nur jedes zehnte Arbeiterkind zum Gymnasium. In der Hauptschule kehrt sich dieses Verhältnis fast genau um (Böttcher, 1991).

Wenn Bildungserwartungen der Eltern und ihrer Kinder enttäuscht werden, wird die Haltung zur Schule davon nicht unbeeinflußt bleiben (Distanzierung zur Schule). Eltern beobachten den Schulerfolg ihrer Kinder sehr aufmerksam, da sie wichtige Signale für die Zukunftschancen ihrer Kinder darin sehen. Und da es die Lehrer/-innen sind, die Zukunftschancen (mittelfristig: Art des Schulbesuches, langfristig: berufliche Chancen) verwehren oder eröffnen, sind besonders die Erwartungen an sie hoch. Einerseits sollen die Lehrer/-innen die Kinder mehr ermutigen (auch wenn die Leistungen nicht so gut sind), sollen sie mehr auf die Kinder eingehen, sich mehr Zeit für jedes einzelne Kind nehmen, sollen sie den Kindern mehr helfen, keine Angst vor der Schule zu haben – große Mühe, die Kinder zu fördern, attestieren nur 40% der Eltern der Schule! –, andererseits werden die Leistungsanforderungen häufig als zu hoch angesehen.

Die Eltern-Schule-Beziehungen sind grundsätzlich durch folgende Gegebenheiten bestimmt:

- Die Schulpflicht (für mindestens 9 Jahre, bei dem Schulziel Abitur gar 13 Jahre, für Schüler/-innen mit Haupt- oder mittlerem Bildungsabschluß kommt zu den 9 Jahren die dreijährige Berufsschulpflicht) ist für Schüler/-innen und Eltern bindend. Das Familienleben hat sich an die zeitliche Organisation der Schule pro Tag, pro Woche, im Wechsel von Schul- und Ferienzeiten (z.B. Urlaub erwerbstätiger Eltern) anzupassen.
- Die Schule hat in unseren gesellschaftlichen Verhältnissen eine Monopolstellung hinsichtlich der Verteilung von Qualifikations- und Berechtigungsnachweisen (Abschlüsse). Dies bedingt ein Kompetenz- und Machtgefälle zwischen Lehrer/-innen und Eltern.
- Kontakte zwischen Eltern und Lehrer/-innen sind dadurch charakterisiert, daß sie in der Regel in der Schule zustandekommen und daß die Lehrer/-innen den Zeitpunkt festlegen. Für die meisten Eltern bringen Sprechstunden/Sprechtage Abhängigkeits- oder gar Unterlegenheitserfahrungen mit sich.
- Die in den Regelschulen üblichen Leistungsanforderungen (einschließlich der Hausaufgaben) bestimmen auch das außerschulische Leben, speziell das Familienleben. Mütter werden immer wieder als die Hilfslehrerinnen der Nation bezeichnet (Enders-Dragässer, 1982)!
- Umgekehrt hängen schulische Leistungen von der konstruktiven Unterstützung/rigiden Kontrolle/Gleichgültigkeit der Eltern ab. Eltern werden indirekt mitzensiert!
- Wenn sich die Eltern gar in ihrer Zuwendung oder Anerkennung ihrer Kinder an deren schulischen Leistungen orientieren, kann die Qualität der familiären Beziehungen eingeengt werden. Das Familienleben wird dann von der Schule direkt beeinflußt (Ulich, 1993).
- Eltern haben zwar durchaus Zugang zur Schule, sind dort

aber nicht sehr willkommen. Die Kooperation zwischen Schule und Eltern beschränkt sich auf ein unerläßliches Pflichtpensum, eine echte Partnerschaft fehlt.

- Vom ersten Schultag an müssen die Eltern die Erziehung ihrer Kinder mit der Schule teilen, sie müssen Erziehungsrechte und -kompetenzen an Lehrer/-innen abtreten. Auf der anderen Seite werden ihnen neue Aufgaben und Verpflichtungen zugewiesen.

Umgekehrt können – müssen nicht – Formen der Angst schnell auf Lehrer/-innenseite entstehen:

- Leistungsängste, die als Reaktion auf hohe Leistungserwartungen der Eltern entstehen,
- Autoritätsängste, die besonders dann auftreten können, wenn von den Eltern Disziplinschwierigkeiten moniert werden,
- Helferängste, wenn sich Eltern mit Erziehungsschwierigkeiten, familiären Problemen u. a. m. an Lehrer/-innen wenden, die sich dabei überfordert fühlen,
- Kompetenzängste, die daraus resultieren, daß Lehrer/-innen im Umgang mit Eltern eigene Inkompetenzen erfahren (Hitziger, 1985).

Erwartungen und Befürchtungen, Kontakte und Divergenzen, Freude und Leid bestimmen also in unterschiedlicher Weise das Verhältnis von Elternhäusern und Schulen.

In sehr prägnanter Weise hat eine Mutter einmal die Ambivalenzen des Verhältnisses in Frageform formuliert (Hacker, 1990):

Mit dem Schulbeginn meiner Kinder
veränderte sich mein Leben:
Ich übergab meine Kinder einer Institution,
deren Fortbestand damit gesichert war,
gesichert wurden Eure Arbeitsplätze!
ICH hatte meine Pflicht erfüllt!
ICH wurde Anhängsel des Schülers X!
Notwendiges Übel?

Ich wurde Informationsquelle!
Information dafür, wie Ihr Euren Arbeitsplatz mit
meinen Kindern am einfachsten gestalten konntet.

Ich wurde Euer Werkzeug!
Warum sonst hätte ich meine Kinder strafen sollen
für Dinge, die in der Schule geschahen?

Ich wurde Eure Rivalin!
Oft genug bekam ich zu hören:
„Aber die Lehrerin hat es doch gesagt!"

Ich wurde Hilfslehrerin!
Was hätte ich denn tun sollen,
wenn meine Kinder Euch vor lauter Angst
nicht um Rat fragten?

ICH bin eine Mutter,
die ihre Kinder liebt und deshalb
sicher nicht immer objektiv ist.
Seid Ihr das?

ICH habe Ängste vor Eurer Autorität
– die von „Amts wegen",
– die durch „Selbstherrlichkeit" geschaffene!
Warum habt ihr Angst vor mir?

ICH bin unsicher, ob Ihr über
meine Fehler urteilt, wenn Ihr sie entdeckt.
Oft genug ahmen meine Kinder mich ja nach.
Welche Fehler habt Ihr?

ICH benötigte manches Mal Hilfe,
wenn ich mit meinen Kindern nicht klarkomme.
Warum verratet Ihr mir nicht
einige Eurer erlernten „Tricks"?

ICH leide mit meinen Kindern,
wenn sie wütend oder enttäuscht sind,
weil Ihr mit ihnen nicht zurechtkommt.
Warum fragt Ihr mich nicht auch einmal um Rat?

ICH freue mich über meine Kinder,
wenn sie selbstbewußte,
aufrechte Menschen werden.
Ist das auch Euer Ziel?

...

ICH bin – genau wie Ihr –
Teil einer Gemeinschaft
mit meiner ganzen Person!
Nicht nur Anhängsel eines Schülers!

Ob diese Gemeinschaft
Zwangsgemeinschaft oder Partnerschaft ist,
liegt in UNSERER Hand.

Schüler/-innen und Eltern

- Die Schüler/-innen pendeln regelmäßig zwischen Familie und Schule und zurück: An fünf oder sechs Tagen der Woche gehen sie morgens aus der Familie in die Schule und kommen mittags, mitunter auch erst nachmittags, nach Hause zurück.
- Pendeln ist immer mit einem Weg verbunden, der Zeit (von wenigen Minuten bis zu einer Stunde) erfordert und häufig die Benutzung von Verkehrsmitteln.
- Pendeln bedeutet, immer zwischen zwei verschiedenen Lebenswelten mit jeweils anderen Tätigkeiten, Bezugspersonen, Verhaltensrichtlinien und Sozialkontakten zu wechseln. Und hier liegen die größten Herausforderungen (Ulich, 1993).

In Familie und Schule spielen die Kinder eine je andere Rolle. Ist ein Kind zu Hause das Ein und Alles, muß es sich in der Schule unter viele andere einordnen. Die Schülerrolle ist enger gefaßt, strikter reglementiert, formalisierter. Die Rolle als Tochter oder Sohn in der Familie ist demgegenüber vielfältiger. Sie umfaßt mehr Verhaltensbereiche und ist persönlicher.

Die Beanspruchung durch die Schule hört nicht mit der letzten Unterrichtsstunde auf. Hausaufgaben stehen an, Erlebnisse müssen verarbeitet werden. Zu Hause wird ein Arbeitsplatz notwendig. Der Nachmittag ist nicht mehr frei verfügbar. Bei der Hausaufgabenkontrolle wird die Mutter/der Vater plötzlich streng. In die Schule zu gehen, bedeutet ein Wechsel in den Lernorten und -formen. Leben und Lernen fallen in stärkerem Maße auseinander. Besonders beim Schulanfang kann es für die Kinder Übergangsprobleme geben. Eltern müssen dann in emotionaler Hinsicht Unterstützung geben. Im Gegensatz zur Familie verlangt die Schule von den Schüler/-innen, daß sie von ihren wirklichen Gefühlen und spontanen Regungen absehen (Groddeck/Wulf, 1977). Schultugenden wie Ruhe, Ordnung und Disziplin können schnell zur Belastung werden. Das Entstehen von Rangordnungen, Beurteilungsprozeduren und Konkurrenz kann Kinder schnell aggressiv und/oder ängstlich machen. Das Gewöhnen an die Lehrerin/den Lehrer, das Zurechtkommen mit den Klassenkameraden, das Stillsitzen, das Aufpassen, das Sich-gewöhnen an Pünktlichkeit und Ordnung sind Herausforderungen, die das eigentliche Lernen überdecken können.

Die Schüler/-innen entwickeln im Lauf der Zeit spezifische Handlungs- und Anpassungsstrategien. In Kürze dargestellt:

Um in der Schule gut klarzukommen,

- muß man sich in der Schule anders benehmen, als man es bei Freunden oder in der Jugendclique gewöhnt ist,
- muß man gute Taktiken einsetzen, um sich bei manchen Dingen nicht erwischen zu lassen,
- muß man sich in der Schule anders benehmen, als man es zu Hause gewöhnt ist,

- muß man nicht unbedingt gute Leistungen bringen, sondern nur zeigen, daß man sich Mühe gibt,
- darf man sich in der Schule nichts gefallen lassen (Holtappels, 1987).

An ihre Eltern formulieren die Schüler/-innen klare Erwartungen:
- Die Eltern sollten gegenüber den Kindern einerseits die Schule wichtig nehmen, andererseits aber auch ihre anderen Lebensbereiche und -interessen anerkennen und unterstützen. Sie sollen also die Bedeutung der Schule relativieren.
- Kinder und Jugendliche erwarten für ihre schulischen Erfahrungen und Probleme Verständnis bei den Eltern, also kein Ignorieren oder Ablehnen.
- Großes Interesse haben sie an der Stabilität der Beziehungen zu ihren Eltern; sie möchten unabhängig von aktuellen schulischen Ereignissen/Entwicklungen als Personen akzeptiert werden.
- Schließlich erwarten sie von den Eltern sowohl Unterstützung in psychosozialer und materieller Hinsicht als auch Unabhängigkeit und Eigenständigkeit. Die darin liegende Widersprüchlichkeit ist ihnen selbst bewußt (Furtner-Kallmünzer, 1983).

Auf ein herausragendes Problem sei noch eingegangen: das Problem der Leistungserwartungen der Eltern. Werden Schüler/-innen nach ihren aktuellen Schulproblemen gefragt, dann erwähnen sie an erster Stelle fast immer den Leistungsdruck und die Noten (Engel/Hurrelmann, 1989). Er kommt von zwei Seiten: von der Praxis der Schule und von den Erwartungen der Eltern her. Eine entscheidende Frage ist daher, wie sich die Familienbeziehungen entwickeln, wenn die Bildungswünsche der Eltern und die tatsächlichen Leistungen (vielleicht auch Leistungsmöglichkeiten), nicht übereinstimmen. Die Eltern praktizieren zwei Grundmuster (besonders beim Sitzenbleiben):

- Sie machen ihr Kind für das Versagen verantwortlich. Sie sind enttäuscht, äußern Vorwürfe und bestrafen nicht selten auch das Kind. Das Familienklima ist angespannt, manchmal sogar feindselig.
- Die Eltern sehen die Verantwortung für das Versagen in der Schule, sie lasten es den Lehrer/-innen an. Konsequent wird das Kind in Schutz genommen, getröstet und umsorgt. Gemeinsames Schimpfen auf die Lehrer/-innen stärkt den Familienzusammenhalt, verschlechtert allerdings auch das Verhältnis der Kinder und Eltern zur Schule (Bärsch, 1987).

Differenzierte Strategien sind:
- Von den Eltern werden Richtlinien für die (noch) akzeptablen Noten festgelegt, die die Kinder bei Gefahr von Sanktionen nicht unterschreiten dürfen.
- Die Eltern machen die finanzielle/materielle Unterstützung ihrer Kinder von deren schulischem Leistungsstand abhängig und/oder beschränken Freizeitaktivitäten, um den Arbeitsaufwand für die Schule zu erhöhen.
- Die Eltern verändern die Qualität ihrer Erziehung zu den Kindern. Sie dosieren also ihre Zuwendung und Zuneigung nach Noten. Subtile Formen des Liebesentzugs (nicht miteinander sprechen u. a. m.) können auftreten, dies besonders dann, wenn Prestigebedürfnisse in Gefahr geraten (Ulich, 1993).

Der Schulbesuch kann also massiv in das Familienleben „einbrechen". Daher ist die Suche nach einer guten Schule fast so etwas wie ein existentielles Bedürfnis der Familien.

In den folgenden Ausführungen werden drei Richtungen weiter verfolgt:
- Wie ist ein *vernünftiger Umgang* mit der Schule zu praktizieren?
- Wie sind *Suchpfade* nach der für das eigene Kind besten Schule zu entwickeln?
- Wie sind *Wunschbilder* für die beste Schule zu konturieren? Dabei ist zunächst einmal auf das bestehende Schulsystem einzugehen (Grundorientierung), danach ist an bestehenden Beispielen der Blick zu schärfen.

Zum Umgang mit der Schule

Wie ist nun ein einigermaßen entspanntes Verhältnis zur Schule zu gewinnen? Ulich macht folgende Vorschläge (Ulich, 1993):

- Eltern sollten sich nur soweit um die Schule kümmern, wie es den Bedürfnissen und Interessen ihrer Kinder entspricht. Viele Kinder wollen nicht ständig kontrolliert werden. Die Eltern müssen also auch akzeptieren, daß die Schule einen eigenen Lebens- und Arbeitsbereich darstellt.
- Andererseits ist Interesse an der Schule wichtig, nicht im Sinne eines stereotypen Ausfragens (Wie war's in der Schule?), sondern im Sinne aktiven Zuhörens, des Zeigens von Verständnis und Interesse, des Zulassens von Emotionen. Emotionale Spannungen (Angst, Leistungsdruck, Beziehungsschwierigkeiten) müssen zur Sprache kommen können. Eltern müssen schon Ansprechpartner sein.
- Wichtig ist wohl das Elterninteresse an der Schule überhaupt (Lerninhalte, Schulklima, Lehrer/-innen-Schüler/-innenbeziehungen). Dabei kann auch die Spannung zwischen Alltags- und Schulwissen abgemildert werden.
- Wenn Konflikte in der Schule oder in bezug auf die Schule auftreten, ist es wichtig, daß die innerfamiliären Beziehungen nicht beeinträchtigt werden. Je belastender einmal die Schulsituation sein mag, desto mehr müssen Eltern für ihre Kinder Partei ergreifen (Singer, 1981), ihnen emotionale Sicherheit und Zuwendung geben und die gemeinsame Suche nach Lösungen betreiben.
- Besonders schwierig ist immer die Frage, wann sich Eltern bei Konflikten in der Schule einmischen. Wenn man davon ausgeht, daß die Eltern Solidarpartner ihrer Kinder sein sollten, müssen sie sich einmischen und sich an der Lösung von Schwierigkeiten/Problemen/Konflikten beteiligen.
- Dafür müssen Eltern in der Lage sein, ihre eigenen Bedürfnisse, Wünsche und Ängste im Hinblick auf die Schule wahrzunehmen (Speichert, 1979).

Glaubens-, Werte- und Normenfragen

Wenn in einer Familie der katholische, evangelische oder islamische Glaube (um drei exemplarisch zu nennen) eine große Rolle spielt, taucht die Frage auf, ob die Schule Glaubenswerte und -formen weiterführt, diese ignoriert oder mindestens toleriert. Die betont christliche Familie lebt ihren Alltag aus dem Glauben an Gott, aus der Verbundenheit mit ihm in konkreten Formen des Denkens, im Gebet, im Gespräch mit Gott. Sie praktiziert das Gebet, den Gottesdienst, Weltsicht und mitmenschliches Engagement, Lebensregeln und -rituale in einer Weise, die Geborgenheit, Sicherheit, Würde, Achtung sichern. Das Erziehungsverständnis ist entsprechend geprägt.

Diese Verbundenheit mit seinem Schöpfer, auf den der Mensch hin angelegt ist, führt zu einer Erziehungshaltung, die den Erzieher in seiner Verantwortung vor allem vor Gott sieht, danach zu seiner Verantwortung vor der Gesellschaft und zu der vor dem Kind und seiner Zukunft.

Die islamischen Gläubigen sind im Alltagsleben noch stärker vom Glauben und seinen Lebensregeln bestimmt. Das führt bekannterweise auch noch schneller zu Problemen im Schulalltag (Schwimmunterricht für Mädchen, Schullandheimaufenthalte u. a. m.).

Es ist dann schon eine entscheidende Frage, welches Verhältnis die Schule zu solchen Lebenswerten und -formen gewinnt. Als möglicherweise laizistische Schule mit bloß angehängtem Religionsunterricht kann sie geradezu eine Gegenwelt installieren, was Eltern in ihrem distanzierten Erziehungsverständnis in Schwierigkeiten bringen kann. Dann kann die Frage nach einer Konfessionsschule aktuell werden.

Die Orientierung zu einer bestimmten Pädagogik hin (Waldorf- oder Montessori-Pädagogik)

In der Gegenwart ist zu beobachten, daß viele Eltern die relative Geschlossenheit einer Pädagogik suchen, weil sie sich offensichtlich vom Ethos, Klima, der Atmosphäre einer erziehungsorientierten Schule mehr erwarten als von einer konturenlosen Regelschule. So haben Waldorfschulen wie auch Montessori-Schulen Konjunktur.

Wenngleich man einige Bemühungen unternehmen muß, um z.B. die Waldorfpädagogik zu verstehen, so hat sie offensichtlich einige Attraktivität. In fast jeder größeren Stadt der Bundesrepublik Deutschland gibt es heute eine Waldorfschule. Der Spaziergänger erkennt sie oft schon an ihrer Architektur (Verzicht auf rechtwinklige Bauweise, gekennzeichnet durch schiefe Winkel, schräge Linien, Rundungen, Ungleichmäßigkeiten). Die Waldorfschule ist eine Gesamtschule mit 12jährigem Bildungsgang. Sie folgt im Prinzip der Anthroposophie, einer von Rudolf Steiner formulierten Menschenkunde. Diese ist aber häufig vielen Eltern nicht genauer bekannt, wenn sie sich für die Waldorfschule entscheiden. Die Waldorfpädagogik hat offensichtlich so viele positive Eigenheiten, daß sie trotz der Erhebung eines Schulgeldes attraktiv ist. Zu ihr gehören folgende Elemente: der Hauptunterricht in den ersten beiden Stunden des Vormittags, der Epochenunterricht, die Betonung künstlerisch-musischen Tuns, der Handarbeits- und Handwerksunterricht, Eurhythmie, Monatsfeiern und ein ausgeprägtes Schulleben, kollegiale Selbstverwaltung und Elternbeteiligung, das Klassenlehrersystem. Insgesamt wird eine ganzheitliche Erziehung angestrebt, die in 7-Jahres-Phasen eine Vorstellung von der kindlichen Entwicklung hat und stark auf Persönlichkeitsentwicklung abhebt. Angstfreies und streßfreies Aufwachsen ist Zielsetzung (Carlgren, 1989, Lindenberg, 1975).

In einem ähnlichen Aufschwung befindet sich die Montessori-Pädagogik. Auch sie ist durch Ganzheitlichkeit und Kindorientierung gekennzeichnet: Kinder seien Baumeister ihrer selbst. Ihre natürlichen Bedürfnisse äußern sich in sogenannten sensiblen Phasen, in denen es darauf ankommt, ihnen durch eine vorbereitete Umgebung (Räume, Möbel, Material, Betätigungsangebote) das anzubieten, was sie brauchen. Ein leitender Grundsatz ist: Hilf mir, es selbst zu tun. Freiarbeit ist das Herzstück des Unterrichts. Das Montessori-Material (mathematisches, Sinnes-, Lesematerial) gibt dafür die notwendigen Anregungen. Mit der sogenannten kosmischen Erziehung wird den Kindern der der gesamten Schöpfung zugrundeliegende Plan vermittelt (Esser/Wilde, 1989). Ähnlich wie Rudolf Steiner hat Maria Montessori eine aus eigenem Weltverstehen kommende Pädagogik entwickelt, die dann attraktiv wird, wenn man für Kinder eine gewisse Ganzheitlichkeit und Geschlossenheit sucht, wenn man eine kindorientierte Pädagogik wünscht, wenn man eine konturlose und sich schnell an Leistung und Zensuren orientierte Schule vermeiden will.

Wichtig ist, sich dann genauer mit den pädagogischen Programmen auseinanderzusetzen, um zu prüfen, wie bedeutsam sie für die eigenen Kinder sein könnten. Klar sein muß man sich auch darüber, daß Anforderungen und Aufforderungen an einen selbst zurückkommen. Waldorfpädagogen erwarten z.B. von den Eltern der von ihnen betreuten Kinder, daß sich auch das Familienleben an einigen Leitideen orientiert (die Kinder sollen keinem Fernsehkonsum ausgesetzt sein; aktive Beteiligung an schulischen Veranstaltungen u.a.m.).

Eine Schule selbst gründen (alternative Elternschulen)?

Bei sehr großem Engagement an der Erziehung der Kinder kann auch die Überlegung aktuell werden, selbst eine Schule zu gründen. In der Bundesrepublik gibt es etwa 14 freie Alternativschulen in staatlicher, überwiegend aber in freier Trägerschaft. Initiativen gibt es in größerer Zahl. Angesichts eines gut ausgebauten Schulsystems und der staatlichen Verantwortung ist die Genehmigung für eine Elternschule schwer zu erlangen. Es muß ein Trägerverein gegründet werden, man muß sich um vieles kümmern, die Finanzierung muß gesichert werden, das pädagogische Konzept muß erarbeitet werden, ein Gebäude, mindestens geeignete Räume müssen gefunden werden, Lehrpersonen müssen sich bereiterklären mitzuarbeiten, die Eltern müssen aktiv mitarbeiten, kurz: der Aufwand ist groß.

Wenn man die Elternschulszene überblickt, lassen sich folgende konzeptionelle Elemente am häufigsten erkennen:

- Die Kinder dürfen sich viel freier verhalten, als dies in den Regelschulen möglich ist.
- Der Stundenplan ist ein anderer: statt der Fachstunden im 45-Minuten-Rhythmus gibt es Epochenunterricht, Projektarbeit, Freie Arbeit.
- Häufig werden außerschulische Lernorte aufgesucht.
- Integration von Kindern ganz verschiedener Herkunft und Begabung bis zur Einbeziehung behinderter Kinder.
- Verzicht auf Noten und Zeugnisse, statt dessen differenzierte Berichte über das Lern-, Leistungs- und Sozialverhalten der Kinder.
- Die Lehrerrolle wird anders verstanden. Anstatt ständig zu belehren und zu disziplinieren, steht eine partnerschaftliche Haltung im Vordergrund. Es werden eher Lern-Angebote gemacht als Lernpflichten gesetzt.
- Die Eltern sind in die Schularbeit integriert durch Übernahme von Aufgaben wie ständige Reflexion des Konzepts und der täglichen Arbeit.
- Kleine und überschaubare Schulen statt anonymer Massenschulen sind zentrales Anliegen (Behr, 1988).

Dahinter ist die Absicht, eine für die eigenen Kinder als wichtig angesehene Alternative zur Regelschule zu schaffen, deutlich erkennbar. Aber der Aufwand und das Engagement müssen schon übernormal groß sein, wenn man mit Gleichgesinnten diesen Weg beschreiten will.

Der Umgang mit der Regelschule

Für die meisten Eltern wird es dabei bleiben, Schulen vor Ort zu wählen. Das ist dann für die Grundschulzeit die Schule des Wohnbezirks. und für den Sekundarbereich stehen in der Regel Wahlmöglichkeiten zur Verfügung. Die Strategie für den „Normalfall“ soll im folgenden entwickelt werden.

Informieren
Die Schule ist heute nicht mehr eine Institution mit nicht weiter hinterfragbarem Selbstverständnis. Die früher vielleicht einmal bestehende sakrale Aura der Lehrer/-innen existiert nicht mehr. Vieles ist nicht mehr so sicher (Bildungsbegriff, Autorität, Disziplin, Leistung u. a. m.). Auch das Selbstverständnis ist so sicher nicht. Zufälligkeiten haben zur Berufswahl geführt. So etwas wie Berufung gibt es kaum noch. Und so ist es sehr sinnvoll, nach dem Sinn von Ansprüchen und Maßnahmen zu fragen. Man wird gerade am Anfang der Schulzeit in einer Schulart eine Menge wissen wollen. Fragen zeigen Interesse und schaffen Kontakt. So läßt sich gerade auch eine Schule mit Tradition einerseits erkunden, andererseits aber auch sogar verändern. Die Schule wird von Steuergeldern finanziert. So haben alle Bürger/-innen, nicht nur die Eltern, das Recht, über alle wesentlichen Fragen Auskunft zu bekommen. Die Auskunftspflicht ist für Lehrer/-innen auch in den meisten Bundesländern schriftlich fixiert.

Kontakt halten
Vorurteile bauen sich beiderseits am besten dadurch ab, daß man Kontakt hält. Eltern können ihrerseits bei regelmäßigem Kontakt am ehesten Beobachtungen, Erfahrungen, Befindlichkeiten zurückmelden, ohne daß diese gleich als unberechtigte Kritik aufgefaßt wird. Speichert hat einige Regeln für das Kontakthalten formuliert (Speichert, 1978):

- Versuchen Sie jeden Monat einmal kurz mit dem/der Klassenlehrer/-in Ihrer Kinder zu reden.
- Richten Sie es ein, daß Sie etwas Konkretes haben, worüber Sie sprechen möchten. Legen Sie sich einen Zettel oder ein Notizbuch an, auf den/in das Sie Fragen notieren, die im Zusammenhang mit dem Schulbesuch Ihres Kindes auftauchen.
- Falls Ihnen wider Erwarten einen ganzen Monat lang nichts aufgefallen ist, was es wert wäre, besprochen zu werden, lassen Sie den geplanten Besuch ausfallen. Es nützt keiner Seite, sich Zeit mit Belanglosigkeiten wegzunehmen.

- Reden Sie nur über das, was Sie einigermaßen sicher beobachtet, registriert zu haben meinen. Überlassen Sie die Schlußfolgerungen zunächst dem Lehrer/der Lehrerin.
- Wenn Sie Kritik äußern wollen, versuchen Sie nicht besserwisserisch zu sein. Wichtig ist die Benennung eines Problems, nicht das Äußern von Vorwürfen. Belegbare Fehlverhaltensweisen aber sollen konsequent angesprochen werden.
- Im Sinne einer guten Kommunikation ist es sicher auch, bei Verbesserungsvorschlägen sich nicht als besserwisserischer Amateurpädagoge aufzuspielen. Aber lassen Sie auch nicht locker bei der Verfolgung einer verbesserten Praxis.

Konsequente Elternarbeit

In allen Bundesländern ist heute die Mitwirkung der Eltern in der Schule festgelegt. Von regelmäßig durchzuführenden Elternabenden, Elternsprechstunden/-tagen bis zur Mitwirkung in den Konferenzen der Lehrer/-innen geht der Katalog der Möglichkeiten. Elternvereine oder Fördervereine an einer Schule können überdies zur Gestaltung des Schullebens, zur Verbesserung der Schul- und Unterrichtsausstattung beitragen.

Auch wenn insgesamt gesehen die Reichweite elterlicher Mitbestimmungs- und Kontrollrechte noch dürftig ist, so lassen sich die genannten Möglichkeiten ja erst einmal intensiv ausschöpfen.

Der regelmäßige Elternabend ist eine gute Möglichkeit, über wichtige Fragen des Schulalltags ins Gespräch zu kommen (Methodenwahl, Inhalte, Leistungsdimensionen, soziales Lernen, Katalog von Strafen u.a.m.). Wenn früh genug Besprechungsthemen angemeldet werden, läßt sich vorbereitet darüber sprechen. Es braucht dann nicht bei den ermüdenden und schalen Wahlen von Elternvertretern zu bleiben. Eltern können sich auch in bezug auf Lehrerversorgung, Lehrmittelausstattung für die Schule einsetzen. Das kann oft wirksamer sein, als wenn die Lehrer/-innen das selbst fordern.

In den Konferenzen können die Elternvertreter sich zu Anwälten von Kindern machen (Zeugniskonferenzen), sie können Anliegen und Probleme, die die Schule betreffen, dem Kollegium insgesamt vortragen.

Ganz wichtig sind Beteiligungen von Eltern an schulischen Vorhaben wie Projektwochen, Arbeitsgemeinschaften, Schulfesten und sogar auch am Unterricht. Wenn es in einer Schule gelingt, Anliegen gemeinsam zu tragen, entsteht in aller Regel ein Klima, das dann die Verständigung über die zentralen Fragen des Gestaltens von Schulen möglich macht. Die gute Schule kann so gesehen überall entstehen!

Literatur

W. Bärsch: Die Familie muß es verarbeiten, in: Westermanns Pädagogische Beiträge, 1987, S. 26–28

M. Behr: Freie Schulen und Internate, Düsseldorf, 1988

H. G. Beisenherz u. a.: Schule in der Kritik der Betroffenen, München, 1982

W. Böttcher: Soziale Auslese im Bildungswesen, in: Die Deutsche Schule, 1991, S. 151–161

M. du Bois-Reymond: Verkehrsformen zwischen Elternhaus und Schule, Frankfurt/M., 1977

D. Busch: Eltern als Solidarpartner ihrer Kinder, in: J. Berndt u. a. (Hrsg.): Schulstreß – Schülerstreß – Elternstreß, Bremen, 1988

F. Carlgren: Erziehung zur Freiheit, Frankfurt/M., 1989

K. Czerwenka u. a.: Schülerurteile über die Schule. Bericht über eine internationale Untersuchung, Frankfurt/M., 1990

U. Enders-Dragässer: Hausaufgaben: Die unbezahlte Arbeit der Mütter für die Schule, in: I. Brehmer (Hrsg.): Sexismus in der Schule, Weinheim, 1982

U. Engel / K. Hurrelmann: Psychosoziale Belastung im Jugendalter, Berlin, 1989

B. Esser / Chr. Wilde: Montessori-Schulen, Reinbek, 1989

M. Furtner-Kallmünzer: Wenn Du später etwas werden willst ... Berufsbezug und Sinn der Schule, München, 1983

N. Groddeck / C. Wulf: Die Schule als Feld sozialen Lernens und als Konfliktfeld, in: W. Hornstein u. a. (Hrsg.): Beratung in der Erziehung, Bd. 1, Frankfurt/M., 1977
I. Hacker: Wer bin ICH? Fragen an die LehrerInnen meiner Kinder, in: Humane Schule, 1990, S. 13.
H. Helming: Montessori-Pädagogik, Freiburg, 1981
H. Hitziger: Die Angst des Lehrers vor Elternkontakten, in: W. Melzer (Hrsg.): Eltern – Schüler – Lehrer. Zur Elternpartizipation an Schule, Weinheim, 1985
H. Holtstiege: Modell Montessori, Freiburg, 1977
H. G. Holtappels: Schulprobleme und abweichendes Schülerverhalten aus der Schülerperspektive, Bochum, 1987
K. Hurrelmann / H. Schultz: Wahrnehmung der Schule durch die Eltern, in: W. Melzer (Hrsg.): Eltern – Schüler – Lehrer. Zur Elternpartizipation an Schule, Weinheim, 1985
K. Hurrelmann: Familienstreß – Schulstreß – Freizeitstreß, Weinheim, 1990
Ch. Lindenberg: Waldorfschulen: angstfrei lernen, selbstbewußt handeln, Reinbek, 1975
K. Malangré: Die Schule als Erziehungspartner der Eltern, in: Familie und Schule, hrsg. von der Fördergemeinschaft für Schule in freier Trägerschaft e. V., Köln, 1982
H. G. Rolff / P. Zimmermann: Kindheit im Wandel, Weinheim/ Basel, 1992[2]
J. Sass / H. Holzmüller: Bildungsverhalten und Belastungen in Familien mit schulpflichtigen Kindern, München, 1982
F. Schneider: Katholische Familienerziehung, Freiburg i. Br., 1951[5]
F. Schweitzer / H. Thiersch (Hrsg.): Jugendzeit – Schülerzeit, Weinheim, 1983
K. Singer: Maßstäbe für eine humane Schule, Frankfurt/M., 1981
H. Speichert: Umgang mit der Schule, Reinbek, 1978
K. Ulich: Schüler und Lehrer im Schulalltag, Weinheim, 1993
K. Ulich: Schule als Familienproblem, Frankfurt/M., 1993
O. Wilhelm: Die Fundamentalbegriffe der Erziehungswissenschaft, in: Erstes Jahrbuch des Vereins für christliche Erzie-

hungswissenschaft, hrsg. von R. Hornich, Kempten und München, 1908
J. Zimmer u. a.: Familie – Kindergarten – Schule. Ein Beispiel für Probleme des Übergangs, in: W. Hornstein u. a. (Hrsg.): Beratung in der Erziehung, Bd. 1, Frankfurt/M., 1977

Der Supermarkt der Möglichkeiten: Die Struktur des Schulsystems

Schüler, das sind Mädchen und Jungen unterschiedlichen Alters, unterschiedlicher Begabung, unterschiedlicher Sprache. Die Bildungserwartungen ihrer Eltern sind unterschiedlich entsprechend der unterschiedlichen angebotenen Abschlüsse/Berechtigungen.

Die Differenzierung nach Schulstufen und -arten scheint angesichts der außerordentlichen Unterschiedlichkeit der Schüler und Schülerinnen das Gestaltungsprinzip, das auf diese Wirklichkeit antwortet.

Gesellschaftliche Funktionen des Schulsystems

Eine Schule wird gesellschaftlich dann eingerichtet, wenn es nicht mehr ausreicht, allein durch das Mitleben in der Familie groß zu werden. Der Schule werden bestimmte Aufgaben übertragen. Dazu sind die Rekrutierung ausgebildeten Personals (Lehrer und Lehrerinnen), die Bereitstellung besonderer Gebäude mit entsprechender Einrichtung (Schulen), die Formulierung von Bildungsaufträgen und meistens gleichzeitig die Einrichtung einer Kontrollinstanz (Schulaufsicht/Schulverwaltung) nötig.

Die Schule soll dann das außerschulische Leben ergänzen. Sie hat die Reproduktion kultureller Systeme zu sichern. Damit meint man Wissens- und Fertigkeitenbestände, grundlegende Symbolsysteme wie Sprache und Schrift (in Unterrichtsfächern geordnet) und darüberhinaus vorberufliche oder berufliche Qualifikationen. Doch auch die geltenden Wert- und Normensysteme, Verhaltensorientierungen, Kommunikations- und Kooperationsstandards innerhalb einer Gesellschaft gehören dazu. Diese zuerst beschriebene Funktion wird gern die *Qualifizierungsfunktion* der Schule genannt. Von ihr her stellt sich aus der Differenzierungsperspektive die Frage, ob alle für alles qualifiziert werden sollen und können oder ob unterschiedliche Ziele und Inhalte für unterschiedliche Gruppen von Schülern/-innen sinnvoll sind.

Da sich eine Gesellschaft über die nachwachsenden Generationen in ihren Sozialstrukturen, Positionsverteilungen zu reproduzieren trachtet, bekommt die Schule eine *Selektionsfunktion.* Sie soll aus dem Insgesamt der Schüler/-innen durch Vermittlungs- und Leistungskontrollprozeduren heraussortieren, wer eher für kognitiv anspruchsvolle (Abitur) oder für praktisch anspruchsvolle (Hauptschulabschluß) oder für mittlere, gemischte Tätigkeiten (Realschule) geeignet ist oder gar aus diesen Erwartungen herausfällt (Sonderschüler/-innen). Die Schule wird damit eine Verteilerstelle von Lebens- und Berufschancen (Fend, 1980).

Zentrale Gestaltungsprinzipien

Das Schulsystem der Bundesrepublik Deutschland ist bisher dem *Prinzip der Differenzierung* viel stärker gefolgt als dem Prinzip der Integration. Dies ist historisch, gesellschaftlich-politisch und bildungstheoretisch bedingt. Anders als in den meisten anderen Industriestaaten ist es so konstruiert, daß nach der für alle Kinder gemeinsamen Grundschule vier getrennte Schularten nebeneinander im Bereich der Sekundarstufe I bestehen:

- Hauptschule
- Sonderschule
- Realschule
- Gymnasium

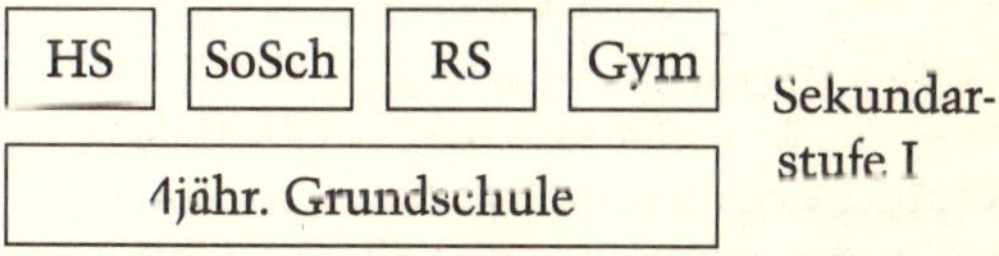

Diese *institutionelle Differenzierung* begründet sich von der gesellschaftlich gewollten Selektion der Schüler/-innen nach vor allem kognitiven Ansprüchen, die sich häufig mit der ebenso gesellschaftlich vermittelten sozialen Schichtung verbanden. Schelsky hat schon 1957 darauf aufmerksam gemacht, daß das Schulsystem ein Abbild sozialer Schichtungen ist: Das Gymnasium ist für die Kinder der oberen Schichten da, die Volks-, später Hauptschule für die Kinder der unteren Schichten, die Mittel- oder Realschule für die Kinder eines industriell-bürokratischen Mittelstandes (Schelsky, 1957).

Mit dem Reform-/Modernisierungsschub der 60er und 70er Jahre kamen Vorstellungen stärker ins Spiel, die unter den Stichworten ‚größere Chancengleichheit', ‚optimale Förderung des einzelnen', ‚wissenschaftliche Bildung für alle' und ‚soziale Integration' ein anderes Schulsystem verlangten.

Mit diesen Leitbegriffen dominiert das Prinzip der Integration und die Konstruktionslogik wird eine andere:

Sekundarstufe I als integrierte Gesamtschule
4jähr. Grundschule

Die Schüler/-innen bleiben möglichst lange beisammen, um miteinander lernen und leben zu können (soziale Integration), um jedem optimale Entwicklungschancen zu sichern (Chancengleichheit) und um allen eine wissenschaftliche Bildung anbieten zu können. Das Problem der Differenzierung stellt sich dann ganz anders: nicht mehr die Differenzierung nach Schularten ist wichtig. Entscheidend wird die *innerschulische Differenzierung*. Wenn die Schülerschaft sehr heterogen ist, muß das schulische Angebot selbst unter inhaltlichen, methodischen und personellen Aspekten so differenziert werden, damit alle optimal gefördert und gefordert werden.

Insgesamt gesehen aber stellt sich das Schulsystem Ende der 80er/Anfang der 90er Jahre wie im folgenden Schema dar:

Aufbau des Bildungssystems

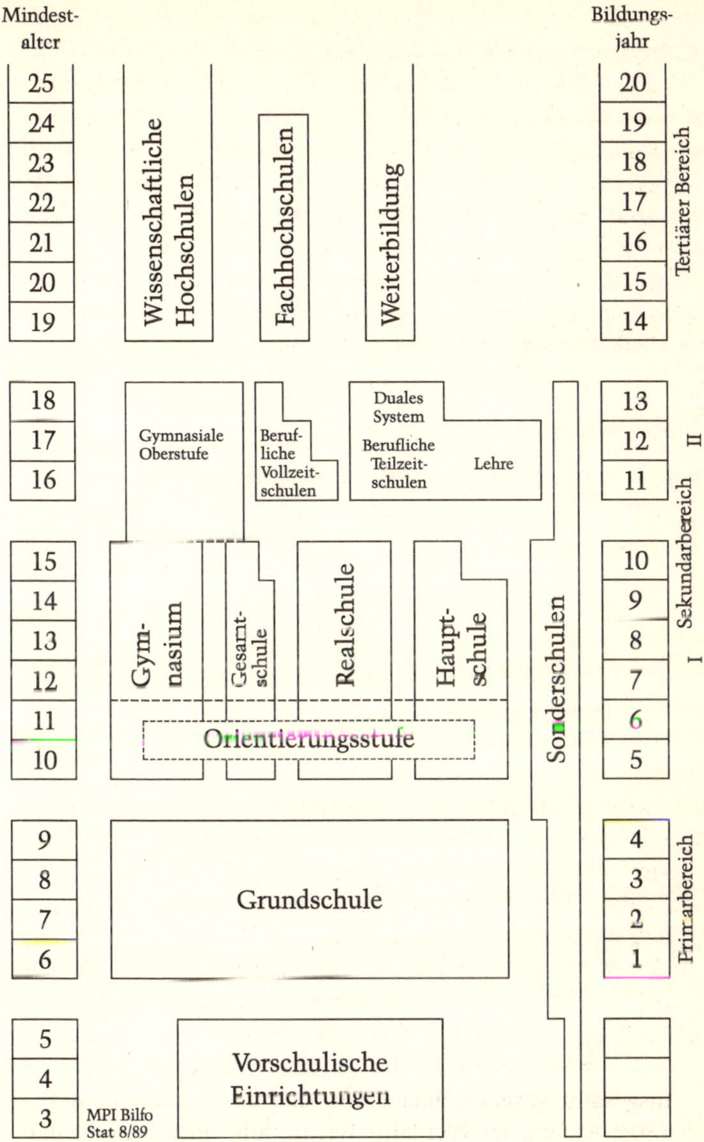

Differenzierung des Schulsystems: Vom Elementarbereich bis zum Gymnasium

Die Differenzierung *des* Schulsystems ist kein Selbstzweck. Die Basis für alle Kinder ist die gemeinsame Grundschule. Erst danach entstehen die unterschiedlichen Schullaufbahnen. Am Ende dieser Schullaufbahnen stehen die unterschiedlich gewichteten Abschlüsse/Berechtigungen, die jedoch „offen" sind: Von der Realschule ist der Übergang in die Sekundarstufe II (gymnasiale Oberstufe), von der Hauptschule der Übergang zur Realschule oder bei Realschulabschluß im 10. Schuljahr direkt in die Sekundarstufe II möglich. Wenn man die Struktur genauer ansieht, kann man folgendes sagen:

Elementarbereich

Zum Elementarbereich (vorschulischer Bereich) gehören *Kindergärten, Horte* und *Vorklassen/Eingangsstufen*. Das sind alle öffentlichen oder privaten Institutionen, die für Kinder vom Ende des dritten Lebensjahres an bis zum Beginn der Schulzeit (Kinder, die bis zum 30. 6. eines Jahres sechs Jahre alt geworden sind, werden zum 1. 8., dem Beginn des Schuljahres in allen Bundesländern, schulpflichtig) eine meist halbtägige, manchmal auch ganztägige familienergänzende Erziehung anbieten. Der Besuch von Kindergärten ist freiwillig. Die Kinder werden dort von Erzieherinnen/Erziehern, nicht von Lehrer/-innen betreut. Vorklassen und Eingangsstufen dienen dem Zweck, den Übergang vom Kindergarten oder aus der Familie in die Schule nicht abrupt, sondern allmählich zu gestalten. Vorklassen sind der Grundschule zugeordnet. Sie werden von fünfjährigen Kindern besucht. Der Besuch ist freiwillig. Eingangsstufen sind zweijährig (für fünf- bis sechsjährige Kinder). Sie sind organisatorisch überwiegend mit Grundschulen verbunden.

Schulpflichtige Kinder, die noch nicht schulreif sind, können vom Schulbesuch zurückgestellt werden. Sie besuchen dann, soweit vorhanden, Schulkindergärten. Dies sind Einrichtungen der Grundschule.

Seit den 60er Jahren hat sich das Angebot an Kindergartenplätzen ständig erhöht. Ende der 80er Jahre stand vier von fünf Kindern ein Kindergartenplatz zur Verfügung. Die Verankerung eines Rechtsanspruchs auf einen Kindergartenplatz wird die Lage weiter verbessern. Die Zahl derjenigen Kinder, die vorschulische Einrichtungen besuchen können, ist relativ gering. Im Jahr 1987 besuchten nur 2,8% der Fünfjährigen und 6,9% der Sechsjährigen vorschulische Einrichtungen (Arbeitsgruppe, 1990).

Die Kindergärten in der Bundesrepublik Deutschland stehen mehrheitlich unter kirchlicher Trägerschaft, nur etwa ein Drittel gehören zur öffentlichen Hand (Kommunen). Der Besuch ist, wie gesagt, freiwillig. Die Eltern beteiligen sich an den Kosten. Die Kindergärtnerinnen sind nicht an einen inhaltlich verbindlichen Lehrplan gebunden. Freies Spiel, sprachliche und allgemeine kognitive Förderung, soziales Lernen sowie musische und sportliche Aktivitäten kennzeichnen die Arbeit im Kindergarten. Verschulungsbestrebungen (z.B. frühes Lesenlernen) haben sich nicht durchsetzen können. Insgesamt läßt sich die Struktur des Elementarbereichs so darstellen:

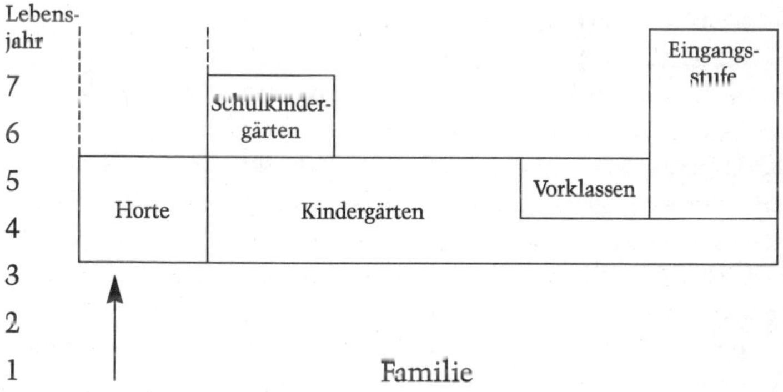

Primarbereich

Mit dem Begriff „Primarbereich“ wird die Schulstufe heute bezeichnet, die als vier- oder sechsjährige Grundschule eine gemeinsame Schulstufe für die Kinder aller Schichten und Begabungen darstellt. Man muß sich daran erinnern, daß diese erst nach dem Ersten Weltkrieg mit den Regelungen der Weimarer Verfassung und dem Grundschulgesetz von 1920 eingerichtet wurde. Die bis dahin bestehenden privaten Vorschulen (vor dem Gymnasium) für die Kinder höherer sozialer Schichten und die Volksschulen für die Kinder unterer sozialer Schichten wurde mit dieser Schulstufe für alle Kinder abgelöst.

Mit dem Grundschulgesetz von 1920 wurde die Grundschule als die Volksschule in den vier untersten Jahrgängen bestimmt. Alle Schüler gingen die ersten vier Jahre in die Grundschule, danach vier weitere Jahre auf die Volksschule oder auf eine mittlere oder höhere Schule über. Ende der 60er/Anfang der 70er Jahre wurden Verbesserungen angemahnt: Eine größere Chancengleichheit wurde gefordert, soziale Benachteiligungen sollten vermieden werden. Alle Kinder sollten optimal gefördert werden. Anregung und Förderung wurden als entscheidend für die Verbesserung von Lernchancen gesehen (Deutscher Bildungsrat, 1970).

Der Unterricht in der Grundschule wird herkömmlicherweise zuerst immer auf die Vermittlung der Grundfertigkeiten im Lesen, Schreiben und Rechnen hin beschrieben. Die Einführung in die Natur- und Sozialwissenschaften im Lernbereich Sachunterricht, Musik, Kunst, Werken sowie Religions- und Sportunterricht kommen aber zum Lehrplan hinzu. Es gibt eine innere Differenzierung in Form von variablen Niveaugruppen innerhalb der Klassen und Einzel-, Partner- und Gruppenarbeit an unterschiedlichen bzw. verschieden schweren Aufgaben. Wahldifferenzierung durch Wochenplan und Freie Arbeit, Projektarbeit gehören heute zur Grundschularbeit (Bönsch, 1990). Es gibt den Förderunterricht (z.B. für lese- und rechtschreibwache Schüler/-innen, für ausländische Kinder, für Kinder mit besonderen Verhaltensproblemen) und Teilungsstunden bzw. Doppelbesetzung mit Lehrer/-innen. Die Grundschule ist im allgemeinen durch ein angenehmes Klima und ein reichhaltiges Schulleben charakterisiert.

Im Bundesland Berlin ist die Grundschule sechsjährig eingerichtet. Dieses international gesehen häufigere Modell hat sich bisher in anderen Bundesländern nicht durchsetzen können, obwohl die sechsjährige Grundschule gegenwärtig wieder stärker diskutiert wird, da die nachfolgende Orientierungsstufe immer wieder Strukturprobleme eigener Art hat.

Orientierungsstufe

Der Übergang der Schüler/-innen zum Sekundarbereich wird in Deutschland unterschiedlich geregelt. Auch der Zeitpunkt ist nicht überall gleich. Der Wechsel in den Sekundarbereichen ist für die betroffenen Schüler/-innen oft mit großen Belastungen verbunden, insbesondere wenn das Hauptgewicht der Entscheidung auf der Empfehlung der Lehrer/-innen liegt, ein vorgegebener Notendurchschnitt erreicht sein muß und abweichende Elternwünsche zu einer Übergangsausleseprüfung führen. Untersuchungen haben ergeben, daß die Schullaufbahnprognose der vierjährigen Grundschule nicht hinreichend sicher ist. So gibt es etwa seit 1970 Bemühungen um eine zweijährige Orientierungsstufe (für die Schuljahre 5/6), um die Probleme einer punktuellen Auslese, Fehler zu frühzeitiger Schullaufbahnempfehlungen und Fehllenkungen zu vermeiden. Die Kultusministerkonferenz (KMK) hat 1974 in einer entsprechenden Vereinbarung die Einführung der Orientierungsstufe bestätigt. Als schulpädagogische Aufgaben wurden bestimmt:

- Erprobung und Erfahrung der individuellen Lernmöglichkeiten des Schülers (Selbsterprobung und Selbsterfahrung),
- Information über die Ziele und Anforderungen der weiterführenden Bildungswege im Sekundarbereich und über die ihnen entsprechende Eignung des Schülers,
- Entscheidungshilfen für die Wahl des weiteren Bildungsweges,

- Ausgleich regional und sozial bedingter Bildungsunterschiede, soweit sie sich auf die Aufgaben der Orientierungsstufe auswirken (KMK, 1974).

Ab 1970 wurde dann auch mit der Erprobung der Orientierungsstufe begonnen. Es schälten sich zwei Modelle heraus: die schulformabhängige und die schulformunabhängige Orientierungsstufe. Niedersachsen und Bremen führten z. B. flächendeckend die schulformunabhängige Orientierungsstufe ein, Rheinland-Pfalz ein Mischsystem, Baden-Württemberg z. B. die schulformabhängige Orientierungsstufe. Die Verfolgung der einen oder anderen Alternative hängt von den jeweils herrschenden bildungspolitischen Positionen ab.

Wenn man die Aufgaben der Orientierungsstufe ernstnimmt, ist es nicht gleichgültig, welche Alternative gewählt wird. Bei der schulformabhängigen Orientierungsstufe muß die Selektion der Schüler/-innen weiterhin nach dem 4. Schuljahr erfolgen. Orientierung heißt dann im wesentlichen nur noch: wird man in der gewählten/zugewiesenen Schulart durchhalten können oder nicht. Die schulformunabhängige Orientierungsstufe hingegen ermöglicht im Prinzip ein weiteres zweijähriges Sichorientieren und -erproben, ehe Entscheidungen für die Schulart im Sekundarbereich getroffen werden müssen. Entscheidend aber ist, wie das *Differenzierungskonzept* gestaltet wird: folgt es der Vorstellung einer weitgehend selektionsfreien Schule oder soll es Hilfe für eine recht schnelle Leistungsdifferenzierung sein und damit Verteilung/Selektionen massiv vorbereiten?

Mit welcher Konsequenz sind Gleichheit und Gemeinsamkeit aller Schüler/-innen - unabhängig von der jeweiligen so≠zialen Herkunft - Grundlage für (gemeinsamen) Unterricht, in welchem Ausmaß ist unterschiedlichen Fähigkeiten/Leistungen durch entsprechende Gruppierung wie schnell Rechnung zu tragen?

In folgender Skizze seien die Konstruktionsmöglichkeiten veranschaulicht:

Integrations-
variante

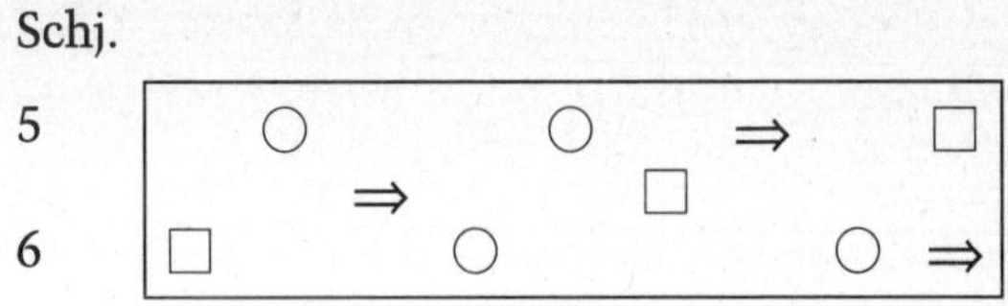

Die zweijährige Schulstufe wird als einheitlicher Block des Lernens aller Schüler/-innen verstanden, innerhalb dessen Schwerpunkt- (○), Wahl- (□), Variationsmöglichkeiten (⇒) bestehen. Binnendifferenzierung erfolgt nur nach Interessen, Bedürfnissen, sachlichen Angeboten.

Differen-
zierungs-
variante

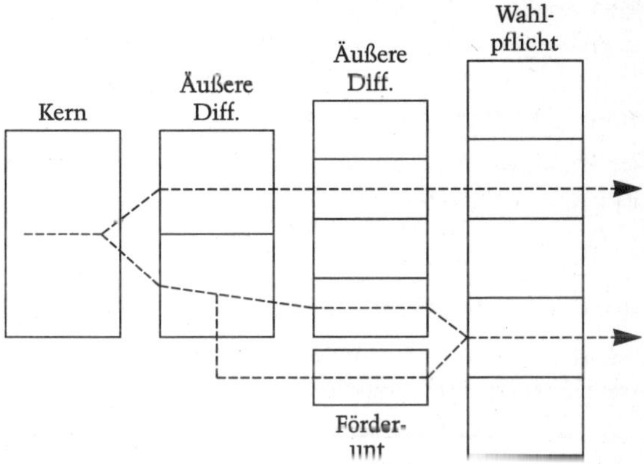

Das Kern-Kurs-Modell differenziert entsprechend der Hierarchie der Fächer in den für wichtig gehaltenen Fächern (Mathematik, Englisch) nach Fachleistungskursen (zwei, drei oder vier Leistungsniveaux). Im Kernunterricht bleiben die Schüler/-innen in gemeinsamen Klassen zusammen. Durch die Wahlpflichtangebote wird eine weitere Differenzierung vorgenommen. Da die Leistungsniveaux schnell verfestigenden und selektierenden Charakter haben, nimmt man heute die Zahl der Leistungsstufen oft auf zwei zurück oder praktiziert eine sogenannte flexible Differenzierung (Wechsel von differenzierten und nicht-differenzierten Phasen) oder eine sogenannte gleitende Differenzierung (von fünf Stunden Englisch werden z.B. drei im Kern und zwei in Leistungskursen bei wechselnder Teilnahme unterrichtet).

Sekundarstufe I (Schuljahre 7–10) und Sekundarstufe II (Schuljahr 11–13)

Die Sekundarstufe ist als viergliedrige Schulstufe organisiert (Hauptschule, Sonderschule, Realschule, Gymnasium) oder als integrierte Gesamtschule. Eine Zwischenform ist die kooperative Gesamtschule, die die Schularten bestehen läßt, aber einen unterschiedlich hohen Integrationsgrad realisiert (im Kernunterricht, im Wahlpflichtbereich, in den musischen Fächern, im Schulleben).

Hauptschule
Die Hauptschule als eigenständige wissenschaftsorientierte Sekundarschule mit den Schuljahren 5–9 (10) oder 7–9 (10) ist aus der früheren Oberstufe der Volksschule hervorgegangen (Hamburger Abkommen von 1964). Während sie in den 60er Jahren noch 60–70% eines Schülerjahrgangs aufnahm, ist ihr Anteil heute stark zurückgegangen, so daß man sogar von einer Existenzkrise spricht. In Flächenländern wird sie aber immerhin noch von 30 und mehr Prozent der Sekundarstufenschüler/-innen besucht. In Ballungsgebieten (Großstädten) ist ihr Anteil aber z.T. schon bis auf 10% gesunken. Die geringe Wertschätzung der Hauptschule hängt mit einem einseitigen, überwiegend intellektuellen Verständnis von Schulerfolg und Schulleistung und dem Wunsch entsprechend hoher Abschlüsse zusammen (Abitur für möglichst viele; über 50% der Eltern wünschen heute das Abitur für ihre Kinder). Auch das 9. Schuljahr als Pflichtschuljahr und das 10. als freiwilliges mit der Chance, einen mittleren Bildungsabschluß und damit den Anschluß an den Besuch der Sekundarstufe I zu erreichen, hat diese Entwicklung nicht aufhalten können. So ist sie heute eine „Restschule“ mit spezifischen Problemen (negative Auslese der Schülerschaft).

Mit konzeptionellen Änderungen war zusammen mit einem neuen Namen (Hauptschule) ursprünglich eine Aufwertung beabsichtigt. Die Konzeptelemente waren: Schulzeitverlängerung (9. Schuljahr als Pflicht, 10. Schuljahr freiwillig), „neue Inhalte" wie etwas Arbeitslehre (Hinführung zur Wirtschafts- und Arbeitswelt) und eine Fremdsprache, in der Regel Englisch, und „neue Verfahren". Und das waren dann vor allem auch wieder Differenzierungsformen: Fachleistungsdifferenzierung in den Fächern Mathematik und Fremdsprache, Wahldifferenzierung (Wahlpflichtkurse, Arbeitsgemeinschaften). Schließlich sollte über die Offenheit der an der Hauptschule erreichbaren Abschlüsse Anschluß „nach oben" gewahrt werden.

Realschule

1953 wurde diese Schulart in einem KMK-Beschluß als Mittelschule bezeichnet. Mit dem Hamburger Abkommen von 1964 wurde sie dann in Realschule umbenannt. Der Name leitet sich historisch von dem Strang der Schulentwicklung her, der eine größere Beachtung der Realien (Mathematik, Naturwissenschaften, Geschichte und Erdkunde) im 19. Jahrhundert im Gegensatz zur Vermittlung kulturell-sprachlicher Traditionen (Latein, Deutsch, Religion) verfolgte. Die bildungstheoretische Begründung der Realschule mit den Schuljahren 5–10 oder 7–10 ist aber eigenartig blaß geblieben. Sie repräsentiert eine mittlere Qualifikationsebene (mittlere Reife). Sie soll Schüler/-innen auf gehobene Arbeitsplätze im Beschäftigungssystem vorbereiten, erwartet dafür eine praktisch-theoretische Begabung ihrer Schülerschaft.

Die gegenüber der Hauptschule verbreiterte Allgemeinbildung wird durch die obligatorische erste Fremdsprache, die zweite Fremdsprache als Wahlfach und durch die naturwissenschaftlichen Fächer zu sichern gesucht. Hinzu kommt eine mehr oder minder ausgeprägte Schwerpunktbildung im Hinblick auf Praxisfelder wie z. B. der kaufmännische, technisch-gewerbliche und soziale Bereich. Am stärksten sind diese Wahlpflichtbereiche in Bayern ausdifferenziert. Trotz der Vielfalt dieser Wahlpflichtdifferenzierungen ist es bei der Realschule nicht zu Typenbildungen wie beim Gymnasium gekommen (Aurin, 1978).

Gymnasium

Das Gymnasium ist in der Einschätzung der Öffentlichkeit die eigentliche weiterführende Schulart des gegliederten Schulwesens (Schittko, 1984). Das Gymnasium könnte in absehbarer Zeit die „Hauptschule der Nation" sein im Sinne der am meisten nachgefragtesten. Nach 1945 wurde an die gymnasiale Tradition vor 1933 angeknüpft. Wie im Düsseldorfer Abkommen der Kultusministerkonferenz von 1955 festgehalten, umfaßt der normale gymnasiale Bildungsgang das 5.–13. Schuljahr, dort, wo es eine schulformunabhängige Orientierungsstufe gibt, das 7.–13. Schuljahr. Aktuell wird eine Verkürzung auf 12 Schuljahre diskutiert.

Während früher die Abbrecher-Quote der Gymnasien sehr hoch war (zwischen 60 und 70 %), ist durch eine bessere Einstellung auf eine heterogener gewordene Schülerschaft die Erfolgsquote heute besser (Anzahl der Schüler, bezogen auf den Eintrittsjahrgang unter Einschluß der Sitzenbleiber: ca. 60 %).

Interessant ist die Vielfalt der Typen und Formen des Gymnasiums. Neben den drei Grundtypen (altsprachliches, neusprachliches und mathematisch-naturwissenschaftliches Gymnasium) ist das Spektrum der Gymnasialtypen auf ca. 20 angewachsen. So gibt es sozialwissenschaftliche Gymnasien, Wirtschaftsgymnasien, musische Gymnasien, technische Gymnasien, Werkgymnasien, Sportgymnasien und Varianten im Bereich der beruflichen Gymnasien (Hauswirtschaftsgymnasien, Landwirtschaftsgymnasien z. B.). Es gibt die Langform (9 bzw. 7 Jahre) und die Aufbauform (6 Jahre oder 3/4 Jahre), die für erfolgreich lernende Haupt- und Realschulabsolventen Aufstiegsmöglichkeiten bieten. Dazu kommen die Kollegs, die es jungen Menschen mit abgeschossener Berufsbildung und Mittlerer Reife oder Fachschulreife ermöglichen, in einem mindestens zweieinhalbjährigen Bildungsgang die allgemeine

Gliederung des Gymnasiums und der Sprachenfolge

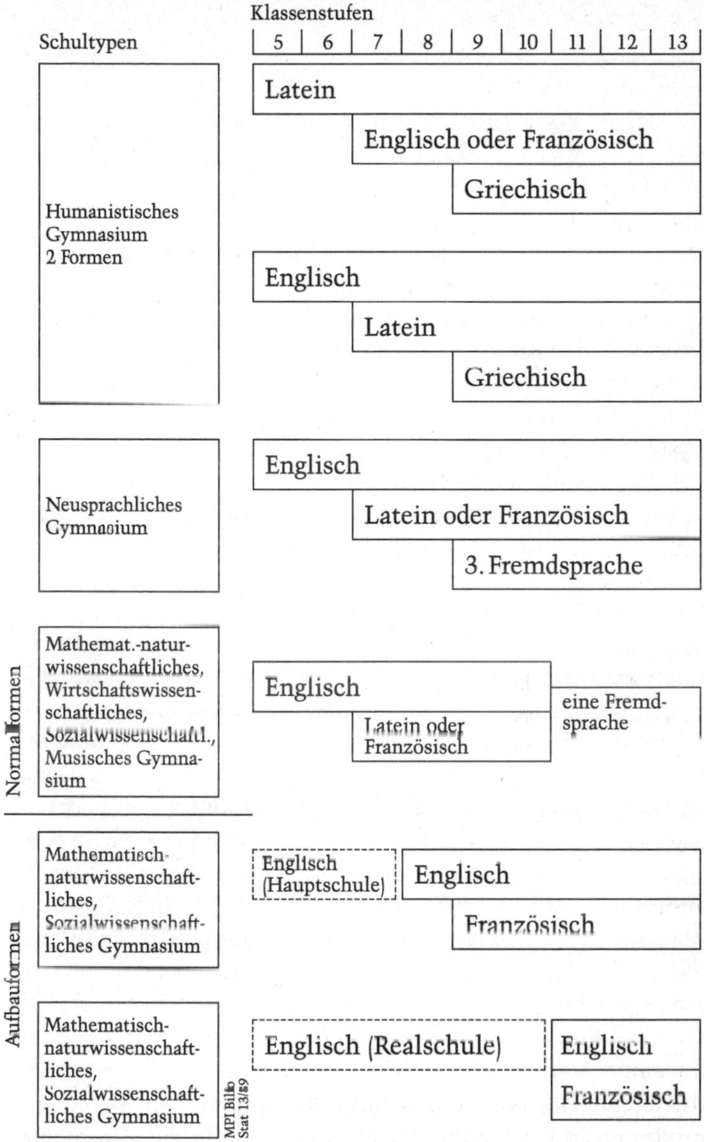

Hochschulreife zu erlangen. Diese gibt es in Tages- oder Abendform, mitunter auch mit einem Internat verbunden.

Prinzipiell ist der Auftrag des Gymnasiums, die allgemeine Hochschulreife zu vermitteln, die den Zugang zum Universitätsstudium eröffnet oder für berufliche Tätigkeiten mit erhöhten geistigen Anforderungen ausrüstet. Der dafür als notwendig angesehene höhere Grad von Allgemeinbildung wird über Stundentafeln und Sprachenfolgen (1., 2. und 3. Fremdsprache) definiert, wobei alle Gymnasien einen Kern gemeinsamer Unterrichtsfächer (Deutsch, zwei Fremdsprachen, Geschichte, Geographie, Sozialkunde, Mathematik, Naturwissenschaften, Kunst, Musik, Sport) besitzen.

Die Fachgymnasien (überwiegend in dreijähriger Aufbauform) vermitteln die sogenannte fachgebundene Hochschulreife. Mit einer bestimmten Konstellation an erbrachten Leistungen kann auch am ‚normalen' Gymnasium die Fachhochschulreife erworben werden.

In den letzten Jahrzehnten hat das Gymnasium zwei wichtige Veränderungen erfahren (Arbeitsgruppe Bildungsbericht, 1990): die Einführung der Orientierungsstufe in den Jahrgängen 5 und 6 und die Reform der gymnasialen Oberstufe (Jahrgänge 11–13). Kern der Oberstufenreform ist der Ersatz der bis dahin bis zum Abitur üblichen Jahrgangsklasse durch variable Kombinationen von Grund- und Leistungskursen, die jeweils für ein Semester (halbes Jahr) belegt werden. Die Verbindung von Fach- und Niveauwahlen ermöglicht unterschiedliche Fachausrichtungen und Kenntnisschwerpunkte, mit denen nach wie vor die Abiturienten die allgemeine Hochschulreife erwerben. Die reformierte Oberstufe beginnt im 11. Jahrgang mit einer Einführungsphase, in der die Schüler/-innen mit den Wahlmöglichkeiten des Kurssystems vertraut gemacht werden sollen. Der Klassenverband bleibt noch bestehen. Spätestens mit dem Übergang in das 12. Schuljahr ist in allen Bundesländern das Kurssystem voll ausgebildet. Zu Beginn eines jeden Semesters stellen sich die Schüler/-innen aus dem Kursangebot einen individuellen Stundenplan zusammen. Die Kurse sind jeweils größere thematische Einheiten, sie umfassen je nach

Belegvorschriften für das Kurssystem der Jahrgänge 12 und 13 der reformierten gymnasialen Oberstufe

Aufgabenfeld	Mindestzahl der belegten Wochenstunden in 4 Semestern	Pflichtfächer	Mindestzahl der belegten Kurse in 4 Semestern
1. Sprache, Literatur, Kunst (zugeordnete Fächer z. B.: Deutsch, 6 Fremdsprachen, Kunst, Musik)	22	Deutsch: Literatur/Kunst: eine Fremdsprache:	2 Kurse[1] 2 Kurse 2 Kurse[1]
2. Gesellschaftswissenschaften (zugeordnete Fächer z. B.: Gemeinschafts-/Sozialkunde, Geschichte, Erdkunde, Philosophie, Ökonomie, Psychologie, Soziologie, Pädagogik, Arbeitslehre u. a.)	16	Geschichte:	Kurse durchgehend
3. Mathematik, Naturwissenschaften, Technik (zugeordnete Fächer z. B.: Mathematik, Informatik, Rechnungswesen, Physik, Chemie, Biologie, Technologie u. a.)	22	Mathematik: Naturwissenschaften:	2 Kurse[1] 4 Kurse
4. Sport	8		
5. Religion	offen für Landesregelungen		

[1] Zwei der Fächer Deutsch, Fremdsprache, Mathematik müssen *durchgehend* während der vier Semester belegt werden.

Quelle: Vereinbarung zur Neugestaltung der gymnasialen Oberstufe in der Fassung vom 11. 4. 1988 (Sammlung der Beschlüsse der Kultusministerkonferenz)

Niveau 2–3 (Grundkurse) oder 5–6 Wochenstunden (Leistungskurse). Pro Semester belegt ein Schüler durchschnittlich 30 Wochenstunden. Die Fächer sind insgesamt fünf Aufgabenfeldern zugeordnet:

- dem sprachlich-literarisch-künstlerischen Aufgabenfeld,
- dem gesellschaftswissenschaftlichen Aufgabenfeld,
- dem mathematisch-naturwissenschaftlich-technischen Aufgabenfeld
- Religionslehre und
- Sport.

Die Abiturprüfung wird in zwei Leistungskursfächern und zwei Grundkursfächern abgeleistet (KMK-Vereinbarung von 1988).

Die Grundidee dieser Konstruktion ist, mit der Balance von Grundbildung und Spezialisierung Entfaltungs- und Selbstverwirklichungsmöglichkeiten zu sichern. Die homogene Voraussetzung für das Studium ist damit sicher nicht mehr gegeben, wenn sie je bestand! Der Kernbestand geistiger Grunderfahrungen (Perspektiven der Kultur) soll sich mit der Herausbildung von Individualität und Selbstbestimmung verbinden – ein anspruchsvolles Programm, das viel Beratung (Tutoren) verlangt.

Die Sonderschule

In der KMK-Empfehlung zur Ordnung des Sonderschulwesens wird die Sonderschule folgendermaßen bestimmt: „In die Sonderschule werden Kinder und Jugendliche aufgenommen, die infolge einer Schädigung in ihrer Entwicklung und in ihrem Lernen so beeinträchtigt sind, daß sie in den allgemeinen Schulen nicht oder nicht ausreichend gefördert werden können" (Kultusministerkonferenz, 1972). Trotz aller Hilfen in der Grundschule und auch später werden etwa 4 % aller Schüler/-innen eines Altersjahrgangs in Sonderschulen überwiesen. Im amtlichen Sprachgebrauch werden zumeist sieben Sonderschulzweige unterschieden, die allerdings mitunter organisatorisch in Kombinationen vereinigt werden. Es sind dies:

- Schulen für Lernbehinderte
- Schulen für Verhaltensgestörte
- Schulen für geistig Behinderte
- Schulen für Körperbehinderte
- Schulen für Sprachbehinderte
- Schulen für Hörgeschädigte
- Schulen für Sehgeschädigte.

Anliegen der Sonderschulen ist es, mit besonderer Qualifikation ihrer Lehrkräfte in besonders fördernder Weise auf Behinderungen zu reagieren. Im Hinblick auf die Abschlüsse sollen die Sonderschüler/-innen die Möglichkeit erhalten, die Bildungsabschlüsse der allgemeinen Schulen zu erreichen. Dabei ergeben sich Unterschiede zwischen den einzelnen Behinderungsarten. Lernbehinderte vor allem sollen den Weg in die allgemeine Schule zurückfinden können. Die Zahl der „Rückschulungsfälle" lag aber nie sehr hoch. Das Problem der Sonderschulen ist, daß sie gesellschaftlich nicht das Ansehen haben, das sie bräuchten (Hilfsschule!) und daß die Integration Behinderter in die Gesellschaft mit dem Sonderschulbesuch eher erschwert als erleichtert wird (Aussonderung, Isolation).

Die Bildungskommission des Deutschen Bildungsrates hat daher schon 1974 für eine weitgehende schulische Integration Behinderter plädiert (Deutscher Bildungsrat, 1974). Sie empfiehlt drei Organisationsformen:

- Eine volle Integration behinderter Schüler in den allgemeinen Unterricht mit zusätzlicher „behinderungsspezifischer Hilfe",
- eine Teilintegration für behinderte Schüler, also besonderer Unterricht und Teilnahme am allgemeinen Unterricht in einzelnen Fächern,
- ausschließlich gesonderter Unterricht, aber Teilnahme am Schulleben, um Kontakte zwischen behinderten und nichtbehinderten Kindern zu schaffen.

Das Ausmaß der mit diesen Organisationsformen angestrebten Integration richtet sich nach dem Schweregrad der Behinderung und nach der Behinderungsart. Beispiele für integrative Schulen und für integrativen Unterricht (Zwei-Pädagogen-System im gemeinsamen Unterricht: Grund- und Hauptschullehrer/-in und Sonderschullehrer/-in) liegen seit Anfang der 80er Jahre vor (Muth, 1982).

Integrierte und kooperative Gesamtschule
Gesamtschulen sind eine grundsätzliche Alternative zum nach Schularten gegliederten Schulsystem. Die Prinzipien der Integration und Differenzierung werden in ihnen neu gedacht. Mit dem Begriff der Gesamtschule werden unterschiedliche Vorstellungen verbunden. Die weitestgehende Bestimmung besteht darin, für die Schuljahre 1–13 ein integriertes und in sich differenziertes Schulsystem zu schaffen. Verbreiteter ist die integrierte Gesamtschule für die Schuljahre 7–13, wobei sich für die Schuljahre 11–13 noch die zusätzliche Frage nach einer Integration von allgemeiner und beruflicher Bildung ergibt (Kollegstufe in Nordrhein-Westfalen z. B.). Die in Deutschland seit Anfang der 60er Jahre geführte Diskussion folgte der Leitfrage: Wie können Schüler/-innen aller Schichten und Begabungen in *einer* Schule lernen, und wie muß diese beschaffen sein, daß jedes Kind in optimaler Weise seinen Bildungsweg finden kann? Gesellschaftspolitisch war damit zu klären, ob soziale Integration in einer demokratischen und sozialen Gesellschaft das Leitprinzip der Organisation von Schule sein sollte, schulpädagogisch war dann zu klären, wie die Vermeidung von Selektion durch institutionelle Differenzierung und die optimale Förderung jedes einzelnen in *einem* Schulangebot zu realisieren wäre. Diese aufregende Problematik ist immer wieder kontrovers diskutiert worden und nahm zeitweise kreuzzugsartige Formen an: Auf der einen Seite gab es soziale/sozialistische Positionen, die das Gemeinsame über alles stellten, auf der anderen Seite gab es elitär/konservative Positionen, die höhere Bildung als Privileg und schichtenspezifische Ressource ansahen und deshalb für möglichst frühzeitige Selektion/Gruppierung nach Schularten plädierten. Ausgestanden ist dieser Konflikt bis heute nicht.

Um eine konkrete Vorstellung vom Aufbau einer Gesamtschule zu geben, sei ein oft publiziertes erstes Strukturmodell wiedergegeben:

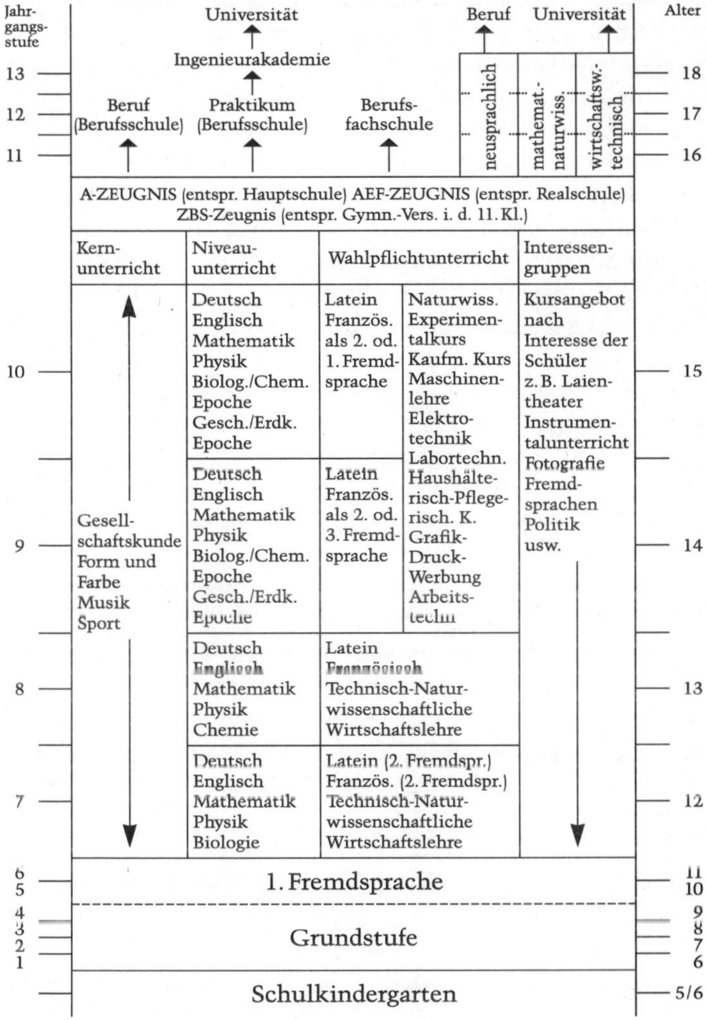

Differenzierungsmodell Gesamtschule Berlin – Britz-Buckow-Rudow. (Entnommen aus: Mastmann, H. / Flößner, W. / Teschner, W.-P. u. a.: Gesamtschule, Wochenschau Verlag, Schwalbach bei Frankfurt 1968.)

In der Struktur einer integrierten Gesamtschule ist eine Synthese von Kernunterricht, Fachleistungsdifferenzierung, Wahldifferenzierung (Wahlpflicht- und Interessendifferenzierung) und oft auch Zusatzdifferenzierung zu finden. Der Kernunterricht ist der für alle gemeinsame Unterricht in einer Reihe von Unterrichtsfächern und konstanten Lerngruppen (Klassen). Er sichert die Umsetzung des Prinzips der Integration und sollte einen möglichst hohen Stundenanteil haben. Die Fachleistungsdifferenzierung (Niveauunterricht) will in den unter herkömmlichen Leistungsaspekten wichtigen Fächern (Mathematik, Fremdsprachen, Deutsch und Naturwissenschaften) die unterschiedlichen Lernvoraussetzungen und die optimale Förderung erreichen. Im Vordergrund stand und steht das Fachleistungskurssystem mit 2–4 Niveaustufen (FEGA = G = Grundkurs, E = Erweiterter Kurs, F = Fortgeschrittener Kurs, A = Anschlußkurs; A-B-C-Differenzierung). Die Kritik an diesem System hat zu Versuchen mit der sogenannten flexiblen Differenzierung (Wechsel von Kern- und Kursphasen, gleitende Differenzierung, innere Differenzierung) geführt. Die Wahldifferenzierung in Gestalt von Wahlpflichtangeboten und Wahlangeboten (Interessengruppen, Arbeitsgemeinschaften) soll der Ausprägung von Interessen/Neigungen dienen. Dies ist ein Anliegen, das dem Bildungsgedanken in sehr grundsätzlicher Weise entspricht. Die Zusatzdifferenzierung, durch Förderunterricht realisiert, will Schüler/-innen mit Lern-, Verhaltens- und Sprachschwierigkeiten (ausländische Schüler/-innen z. B.) zusätzlich fördern und ihnen helfen, bestehende oder sich entwickelnde Schwierigkeiten abzubauen.

Ein Problem bei allen der im einzelnen gut gemeinten Differenzierungsmaßnahmen ist, daß unter Umständen der ständige Wechsel zu neuen Lerngruppen so groß werden kann, daß die sozialen Beziehungen darunter leiden.

Die kooperative Gesamtschule, auch additive, teilintegrierte oder schulformbezogene Gesamtschule genannt, hat in der Regel im 5./6. Schuljahr eine integrierte Orientierungsstufe und für die Schuljahre 7–10 eine Gliederung in Hauptschule, Realschule und Gymnasium. Könnte man darin auf den ersten Blick keine Alternative zum gegliederten Schulwesen sehen, so ist die entscheidende Frage, wie konsequent der Integrations-/Kooperationsansatz praktiziert wird. Er kann sich in Formen der räumlich-organisatorischen (Raumnutzung z.B.), in personellen (Lehrereinsatz), curricularen (Stundenpläne, Lehr- und Lernmittel, Stoffpläne, Unterrichtsplanung) und unterrichtlichen Kooperationen zeigen (Schittko, 1984) sowie in Formen des Schullebens. Diese Spanne der Möglichkeiten reicht vom unverbundenen Nebeneinander in einem Gebäudekomplex (Schulzentrum) bis zu einer Annäherung an das Konzept der integrierten Gesamtschule.

Die Grundkonstruktionen der integrierten und der kooperativen Gesamtschule kann man so skizzieren:

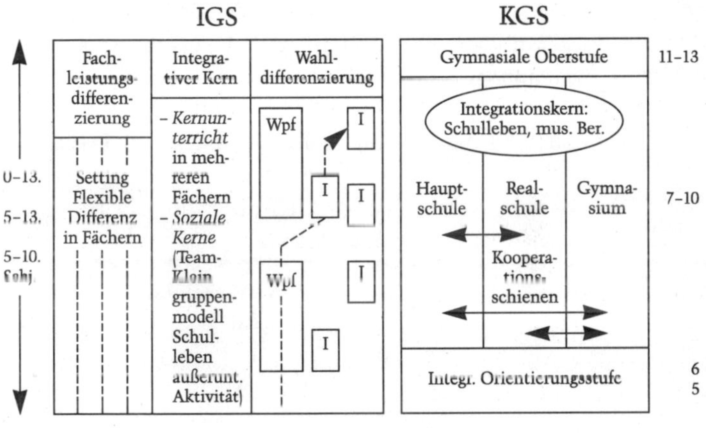

Berufliche Schulen

In der Bundesrepublik gibt es nicht nur eine allgemeine Schulpflicht, die eine Vollzeitschulpflicht ist, sondern darüber hinaus eine Berufsschulpflicht. Diese ist in der Regel eine Teilzeitschulpflicht. Sie endet mit Vollendung des 18. Lebensjahres bzw. mit dem Ende der Berufsausbildung, wenn diese über das 18. Lebensjahr hinaus dauert. Berufsschulpflichtig sind nicht nur Jugendliche, die eine Lehre machen, sondern auch Jugendliche, die in keinem Ausbildungsverhältnis stehen.

Die Berufsausbildung ist in der Bundesrepublik (vom Hochschulbereich wird hier abgesehen) nach dem *dualen System* organisiert, d.h., die praktische Ausbildung in einem Betrieb wird durch den Unterricht in der Berufsschule ergänzt. In der Regel findet dieser an einem Tag in der Woche statt (Berufsschultag), mitunter auch an zwei Tagen in der Woche, gelegentlich auch als Blockunterricht, d.h. in längeren, zusammenhängenden Abschnitten.

Der Lehrplan der Berufsschule besteht aus drei Teilen:
- aus den berufspraktischen (z.B. praktische Fachkunde, Laborübungen, maschinenschreiben, kochen),
- aus dem berufstheoretischen Unterricht (z.B. Technologie, Technische Mathematik, Technisches Zeichnen),
- aus dem allgemeinen Unterricht (z.B. Deutsch, Sport, Gemeinschaftskunde, Religion).

Im allgemeinen wird zu wenig beachtet, daß es in Deutschland ein differenziertes System beruflicher Schulen gibt, das berufliche und allgemeinbildende Qualifikationen vermittelt.

Die Grundzüge zeigt folgende Übersicht:

Ausgewählte Bildungs- und Berufswege

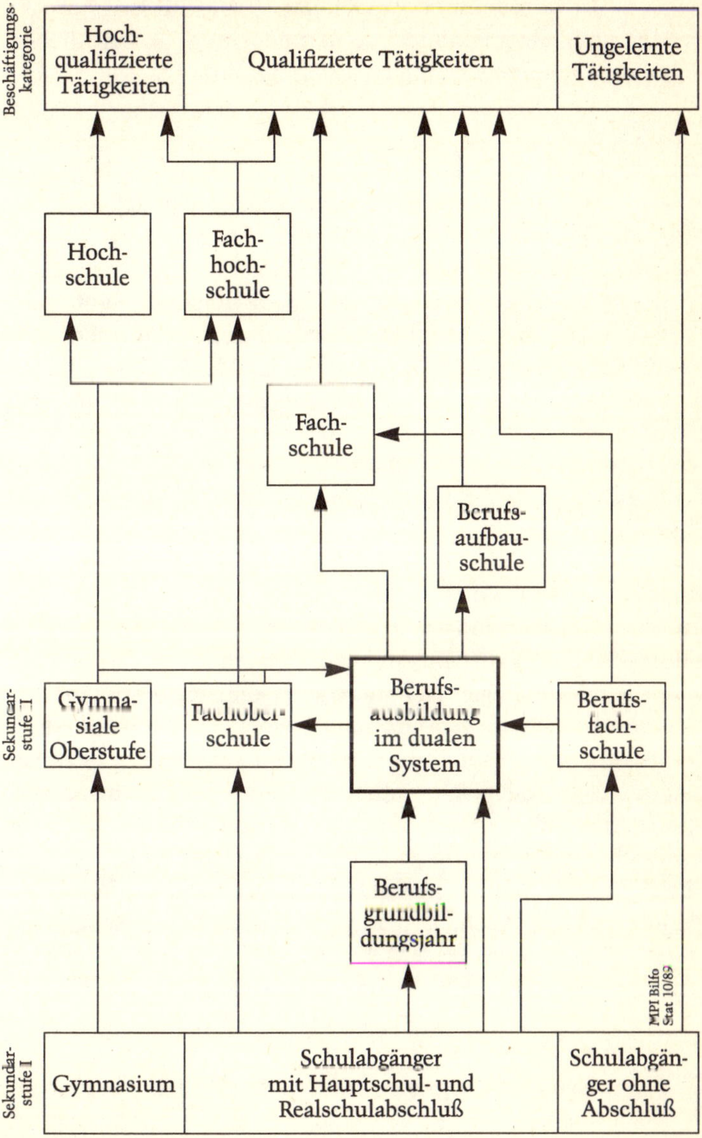

Schon auf den ersten Blick kann man feststellen, daß die Differenziertheit des beruflichen Schulwesens ähnlich stark ist wie die des allgemeinbildenden. Berufliche Bildung umfaßt immer auch allgemeinbildende Komponenten. Im beruflichen Schulwesen finden sich folgende Schularten:

Berufsschule

Sie ist in ihrer Funktion und in ihrem Lehrplan schon kurz skizziert worden. Ergänzen muß man hier noch, daß es Schulen mit Teilzeit- und Vollzeitunterricht und verschiedene Fachrichtungen gibt: gewerblich-technische, landwirtschaftliche, kaufmännisch-verwaltende, hauswirtschaftlich-pflegerische u. a. Die Berufsschulen bauen auf dem Fundament auf, das in den Schulen des allgemeinbildenden Schulwesens gelegt worden ist. Dies betrifft die Allgemeinbildung wie eine vorberufliche Bildung, die mit den Begriffen „Arbeitslehre" oder „Arbeit-Wirtschaft-Technik" bezeichnet wird und in den Realschulen unterrichtliche Schwerpunkte (Beispiel Bayern) haben kann.

Das Berufsgrundbildungsjahr

Im Berufsgrundbildungsjahr sollen junge Menschen im Vollzeitunterricht in die allgemeinen, für ein breites Berufsfeld wichtigen Grundlagen fachpraktischer und -theoretischer Art eingeführt werden. Grundsätzlich wird im Berufsgrundbildungsjahr allgemeiner Unterricht in den Fächern Deutsch, Sozialkunde, Fremdsprache, Sport und Religion mit insgesamt 8 Wochenstunden erteilt. Berufsfeldbezogener Unterricht (von 12 Wochenstunden) erfolgt in den fachtheoretischen Fächern einschließlich Mathematik und Naturwissenschaften (mit mindestens je 2 Wochenstunden) und im fachpraktischen Unterricht (12 Wochenstunden). Das Verhältnis von allgemeinem Unterricht zum berufsbildenden Unterricht beträgt somit 1:3.

Das Berufsvorbereitungsjahr

Das Berufsvorbereitungsjahr können Jugendliche besuchen, die noch nicht in einem Ausbildungsverhältnis stehen und im

Anschluß an die Hauptschule eine Vorbereitung auf eine Berufsausbildung absolvieren wollen.

Die Berufsfachschulen
Berufsfachschulen sind Vollzeitschulen von mindestens einjähriger bis zum Teil vierjähriger Dauer mit fachlichem und allgemeinem Unterricht. Zugangsvoraussetzung ist in der Regel der Hauptschulabschluß, in einigen Fällen auch der Realschulabschluß. Sie vermitteln den Abschluß in einem Beruf oder einen anrechenbaren Teil (berufliche Erstqualifikation). Durch den erfolgreichen zwei- bis dreijährigen Besuch der Berufsfachschule wird zudem als mittlerer beruflicher Bildungsabschluß die Fachschulreife erworben. Sie entspricht in der Regel dem Realschulabschluß und ist ihrerseits die Eingangsvoraussetzung für Fachschulen, Fachoberschulen und berufliche Gymnasien. Dieser berufliche Bildungsweg ist für Hauptschüler/-innen attraktiv, weil er für sie weiterführende Bildungsmöglichkeiten erschließt. Berufsfachschulen sind auch für Berufsfelder eingerichtet. So gibt es gewerblich-technische (z.B. dreijährige für Uhrmacher und für das Textilgewerbe), kaufmännische (Handelsschule, höhere Handelsschule) hauswirtschaftliche, sozialpädagogische und landwirtschaftliche Berufsfachschulen. Unter den Schulen, die eine volle berufliche Erstausbildung vermitteln, nehmen die Schulen des Gesundheitswesens eine nicht unwichtige Rolle ein (Krankenschwester/-pfleger, Masseur/-in, Diätassistent/-in, medizinisch-technische Assistenten/-innen).

Die Berufsaufbauschulen
Berufsaufbauschulen haben das Ziel, die allgemeinen und beruflichen Kenntnisse und Fähigkeiten für gehobene Berufsaufgaben zu vermitteln und mit erfolgreichem Abschluß, der Fachschulreife oder dem mittleren Bildungsabschluß, den Zugang zu weiterführenden beruflichen Bildungsgängen (z.B. Ingenieurschule) und bei besonderer Eignung auch zu studienbezogenen Bildungsgängen zu eröffnen. Sie können nach Abschluß einer beruflichen Erstausbildung und auch parallel oder

in Ergänzung zu ihr besucht werden. Es sind überwiegend bis zu dreieinhalbjährige Teilzeitschulen, aber es gibt auch einjährige Vollzeitschulen. Sie gliedern sich ebenfalls wieder in die wichtigsten Fachrichtungen auf (Aurin, 1978).

Die Fachoberschulen

Die Fachoberschulen stellen ein Verbindungsstück zwischen beruflichem und allgemeinbildendem Schulwesen in der Sekundarstufe II dar. Sie ergänzen den studienbezogenen Teil. Sie sind Vollzeitschulen und erstrecken sich auf zwei Jahre (Schulstufen 11 und 12). Sie vermitteln eine weiterführende Allgemeinbildung und eine fachpraktische/-theoretische Ausbildung und führen zur Fachhochschulreife. Zugangsvoraussetzung ist der mittlere Bildungsabschluß. Mindestens drei Fünftel des Unterrichts sind für die allgemeinen Unterrichtsfächer vorgesehen (Deutsch, Sozialkunde, Mathematik, Naturwissenschaften, erste Fremdsprache, Sport). Die berufspraktische Ausbildung findet in Schulwerkstätten und -labors, aber auch in Betrieben statt. Entsprechend einer Vereinbarung der KMK von 1971 gliedern sich die Fachoberschulen in verschiedene Typen: Fachoberschulen für Ingenieurwesen, Wirtschaft, Sozialarbeit/-pädagogik, Gestaltung, Verwaltung, Landwirtschaft, Seefahrt.

Die Fachschulen

Die Fachschulen sind überwiegend Vollzeitschulen mit eineinhalb- bis zweijähriger Dauer. Sie qualifizieren nach einer beruflichen Erstausbildung und in der Regel sich daran anschließender beruflicher Tätigkeit für gehobene berufliche Tätigkeiten. Sie leisten sozusagen eine vertiefende berufliche Weiterbildung. An einigen staatlichen Fachschulen wird zusätzlich die Möglichkeit geboten, die Fachhochschulreife zu erwerben. Die Fachschulen bereiten auch auf die Meisterprüfung in Handwerk und Industrie vor.

Fachschulen bestehen für verschiedene Berufsfelder: Technikerschulen, Einzelhandelsfachschulen, Meisterschulen für bestimmte Gewerberichtungen (Handwerkerfachschulen), Textilfachschulen, Frauenfachschulen, Landwirtschaftsfachschulen, Fachschulen für Wirtschaft, Bergbau, Sozialarbeit, Sozialpädagogik, Technikerschulen. Auch bei den Fachschulen gibt es die Tendenz zur Doppelfunktion: berufliche Weiter- und Aufstiegsfortbildung wie weiterführende studienbezogene Bildungsgänge.

Die Kollegstufe Nordrhein-Westfalen
Im Unterschied zur reformierten gymnasialen Oberstufe strebt die Kollegstufe in Nordrhein-Westfalen die Integration von allgemeiner und beruflicher Bildung in den Schuljahren 11–13 an und will dies auch im Erwerb von Doppelqualifikationen ausdrücken. Mit der unterschiedlichen „inhaltlichen Füllung" von drei didaktischen Bereichen sollen außerordentliche Differenzierungen möglich werden:
- Bereich des Schwerpunktprofils (12–6 Stunden)
- obligatorischer Bereich (6–8 Stunden)
- Wahlbereich (12–6 Stunden).

Das Schwerpunktprofil ist auf das von einem Schüler/einer Schülerin gewählte „Leitfach" (z.B. Elektrotechnik) bezogen und ergibt sich aus der Wahl eines Abschlusses. Der obligatorische Bereich hat überwiegend allgemeinbildenden Charakter. Der Wahlbereich dient der Auseinandersetzung mit Bildungsinhalten nach Wahl und Neigung. Er kann jedoch auch zur Vertiefung des Schwerpunktprofils oder der Vorwegnahme von Bildungsinhalten verwendet werden, die zu einem höheren Abschluß führen. Alle drei Bereiche sollen mit Hilfe eines flexiblen Systems von Kursen verwirklicht werden (Baukastenprinzip). Abteilungen und Schwerpunktbildungen ergeben einen komplizierten und differenzierten Lehrplan.

Fachakademien, Berufsoberschulen, Technische Oberschulen
Zu diesem großen Angebot des beruflichen Schulwesens gibt es noch zusätzliche Einrichtungen:

Fachakademien (in Bayern zu finden) sind berufliche Schulen, die einen mittleren Bildungsabschluß fordern. Sie bereiten nach einer für die einzelnen Fachrichtungen festgelegten beruflichen Vorbildung auf eine gehobene berufliche Position vor (z.B. staatlich anerkannter Erzieher, Musiklehrer, Dolmetscher, staatl. geprüfter Betriebswirt). Fachakademien sind Schulen mit Vollzeitunterricht, deren Dauer ohne Berücksichtigung von Zeiten für Praktika 4–8 Halbjahre beträgt; sie bestehen für die Fachrichtungen Hauswirtschaft, Sozialpädagogik, Musik, Fremdsprachenberufe, Wirtschaft, Augenoptik, Bauwesen und Landwirtschaft. Die Abschlußqualifikationen können bis zur Fachhochschulreife und zur fachgebundenen Hochschulreife gehen.

Berufsoberschulen (Bayern) und Technische Oberschulen (Baden-Württemberg) setzen den Bildungsweg nach der Mittleren Reife fort. Schwerpunkte sind die technisch-naturwissenschaftlichen und technisch-konstruktiven Fachgebiete. Der Unterricht dauert zwei Jahre. Mit dem erfolgreichen Abschluß wird die fachgebundene Hochschulreife und die Fachhochschulreife erworben (Aurin, 1978).

Freie (private) Schulen

Bei der Darstellung des Schulwesens in Deutschland bleibt das freie (private) Schulwesen häufig etwas am Rande. Dabei ist es äußerst vielfältig. Schulen in freier Trägerschaft nehmen Freiheitsrechte zur Gestaltung von Erziehung und Bildung in Anspruch. Sie wollen das Kind in seinen individuellen Anlagen und Möglichkeiten besonders achten und fördern. Sie müssen in der Regel Schulgeld erheben. Hier sollen die vier wichtigsten Gruppen von Schulen kurz beschrieben werden:

Katholische Schulen
Die katholische Kirche gründet eigene Schulen, um dadurch auch ihren Heilsauftrag zu erfüllen. Katholische Schulen wollen eine Synthese zwischen Kultur und Glauben und Glauben und Leben verschaffen. Sie leiten ihren Auftrag nicht von Staat und Gesellschaft her, sondern aus dem Auftrag der Eltern. Sie sind erziehungsintensive Schulen. Neben dem Unterricht praktizieren sie Schulseelsorge in den Formen des Schul-

gebets, des Schulgottesdienstes, katholischer Jugendgruppenarbeit, Tagen religiöser Orientierung, religiöser Schulwochen, Werktagungen zur Gottesdienstgestaltung, Ferienseminaren u.a. Die katholische Schule trägt zur Heilsvermittlung der Kirche bei, besonders in der Glaubenserziehung. Wenn man von einigen gewerblich-technischen Formen des beruflichen Schulwesens absieht, gibt es praktisch für alle Schulformen, die im öffentlichen Schulwesen angeboten werden, auch Beispiele aus dem katholischen Schulwesen. Natürlich ist das nicht in jedem Ort der Fall. Insgesamt gesehen gab es in den alten Bundesländern Ende der 80er Jahre über 1000 katholische Schulen mit rund 300000 Schüler/-innen. Die Vielfalt ist imposant.

Evangelische Schulen

Auch evangelische Schulen gründen ihr Selbstverständnis im Glauben: Der christliche Glaube weiß, daß menschliches Leben und das Leben überhaupt im Schöpfungswillen Gottes gründet. Menschsein im Sinne des Evangeliums heißt, in dem, was man sagt und tut, zum Ausdruck zu bringen, wie man Gott in seinem Leben versteht. Das glaubende Vertrauen auf Gott zeigt sich in der Verantwortung gegenüber der Schöpfung und für das Miteinanderleben der Menschen. Insgesamt handelt es sich um knapp 700 Schulen mit etwa 85000 Plätzen für Schüler/-innen. Auch hier ist die Vielfalt beeindruckend. Besondere Formen der Gesamtschule, Gymnasien mit spezifischen Profilen, Realschulen besonderer Art, Berufsschulen wie Erziehungshilfen auf neuen Wegen machen diese Vielfalt aus. Heimschulen gibt es wie bei den katholischen Schulen in nicht unbeträchtlicher Zahl.

Die freien Waldorfschulen

Die freien Waldorfschulen haben in den letzten 20–30 Jahren eine gewaltige zahlenmäßige Steigerung erfahren. Heute gibt es ca. 180 Schulen mit ca. 55000 Schüler/-innen. Rudolf Steiner hat 1919 die erste Freie Waldorfschule in Stuttgart gegründet. Seine Anthroposophie ist die anthropologisch-pädagogische Grundlage. Im Gegensatz zur Reformpädagogik bedeutet die Waldorfpädagogik eine grundsätzliche Neukonzeption. Als Schulen mit einer zwölfjährigen Schulbildung sind die Waldorfschulen Gesamtschulen. Sie gestalten sich aus den von der Waldorfpädagogik angenommenen Bedingungen menschlicher Entwicklung. Es gibt kein Sitzenbleiben. Der vorschulische Erziehungsbereich wurde in seiner Bedeutung frühzeitig erkannt, so daß es viele Waldorf-Kindergärten gibt. Die ganzheitliche Bildung betont sehr den künstlerischen und handwerklichen Unterricht (Malen, Zeichnen, plastisches Gestalten, Musik, Eurhythmie, Gartenbau, Werkstattunterricht).

Die deutschen Landerziehungsheime

In der Vereinigung deutscher Landerziehungsheime sind 18 selbständige Internatsschulen zusammengeschlossen mit etwa 4000 Schüler/-innen. Drei Elemente bestimmen durchgehend ihre pädagogische Konzeption:

- Es sind Internatsschulen, die Erziehung als ihre wichtigste Aufgabe ansehen.
- Es sind Internatsschulen, die als Heime einem Schüler ein Zuhause geben wollen.

Die Lebens- und Arbeitsgemeinschaft der Generationen, das gemeinsam ausgehandelte und gelebte Gut bestimmt den Alltag, praktische Verantwortung wird gelebt. Der außerunterrichtliche Bereich hat eine große Bedeutung. Sozialdienste, handwerkliche Bildung, Sport, Musik, Theater, Kunst, gemeinsame Reisen, internationale Verbindungen sind wesentliche Bildungselemente.

Bilanz und Ausblick

Aus der bisherigen Darstellung ist sicher deutlich geworden, daß die Vielfalt im Schulwesen außerordentlich groß ist. Die Differenziertheit ist eines der Markenzeichen. Dabei konnte längst nicht alles beschrieben werden. So gibt es im staatlichen Schulwesen weitere eigenständige Profilausprägungen wie etwa die Jenaplan-Schulen und die Montessori-Schulen, da gibt es weitere alternative Schulen wie etwa die Freien

Schulen, die eine bewußte Alternative zum Regelschulwesen sind.

Literatur

Arbeitsgemeinschaft Freier Schulen (Hrsg.): Handbuch Freie Schule, Reinbek, 1988

Arbeitsgruppe Bildungsbericht am Max-Planck-Institut für Bildungsforschung: Das Bildungswesen in der Bundesrepublik Deutschland, Reinbek, 1990

K. Aurin: Sekundarschulwesen, Stuttgart – Berlin – Köln – Mainz, 1978

K.-O. Bauer / K. Klemm / H. Pardon: Ergebnisse empirischer Schulforschung: Sekundarschulen auf dem Prüfstand, in: H.-G. Rolff u. a. (Hrsg.): Jahrbuch der Schulentwicklung, Bd. 1, Weinheim/Basel, 1980

M. Behr: Freie Schulen und Internate, Düsseldorf, 1988

U. Bleidick: Sonderschulwesen, in: H. Wollenweber (Hrsg.): Das gegliederte Schulwesen in der Bundesrepublik Deutschland, Paderborn, 1980

M. Bönsch: Schule verbessern, Hannover, 1990

M. Bönsch: Zweisäuligkeit – Zersiedlung – Integration, in: Schulverwaltung, Ausgabe Niedersachsen, Heft 4/1993

Deutscher Ausschuß für das Erziehungs- und Bildungswesen: Rahmenplan zur Umgestaltung und Vereinheitlichung des allgemeinbildenden Schulwesens, Stuttgart, 1964

Deutscher Bildungsrat: Einrichtung von Schulversuchen mit Gesamtschulen, Bonn, 1969

Deutscher Bildungsrat: Strukturplan für das Bildungswesen, Stuttgart, 1970

Deutscher Bildungsrat: Zur pädagogischen Förderung behinderter und von Behinderung bedrohter Kinder und Jugendlicher, Stuttgart, 1974

Th. Dietrich (Hrsg.): Die Landerziehungsheim-Bewegung, Bad Heilbrunn, 1967

E. Dreher: Schulsystemdifferenzierung – 10 Jahre vergleichende Evaluationsforschung, in: K. Haußer (Hrsg.): Modelle schulischer Differenzierung, München – Wien – Baltimore, 1981

H. Fend u. a.: Gesamtschule und dreigliedriges Schulsystem – eine Vergleichsstudie über Chancengleichheit und Durchlässigkeit, Stuttgart, 1976
H. Fend: Theorie der Schule, München, 1980
H. Fend: Gesamtschule im Vergleich. Bilanz der Ergebnisse des Gesamtschulversuchs, Weinheim – Basel, 1982
K. Frey: Der Bildungsauftrag der Realschule, Weinheim, 1969
H. Haenisch / H. Lukesch: Ist die Gesamtschule besser? Gesamtschulen und Schulen des gegliederten Schulsystems im Leistungsvergleich, München, 1980
K. Hurrelmann: Zwei Schulen für das eine Deutschland, in: DIE ZEIT, Nr. 45/1991
W. Keim (Hrsg.): Gesamtschule – Bilanz ihrer Praxis, Hamburg, 1976[2]
W. Keim (Hrsg.): Sekundarstufe I. Modelle, Probleme, Perspektiven, Königtein/Ts., 1978
H. Kratzert (Hrsg.): Leben und Erziehen durch Glauben, Gütersloh, 1979
Kultusministerkonferenz: Empfehlungen zur Arbeit in der Grundschule (Beschluß der Kultusministerkonferenz vom 2. 7. 1970), in: Sammlung der Beschlüsse der Ständigen Konferenz der Kultusminister der Länder der Bundesrepublik Deutschland (130.2)
Kultusministerkonferenz: Empfehlung zur Ordnung des Sonderschulwesens vom 16. 3. 1972, in: Sammlung der Beschlüsse ...
Kultusministerkonferenz: Vereinbarung über die Orientierungsstufe (Klassen 5 und 6) vom 28. 2. 1974, in: Sammlung ..., S. 168
Kultusministerkonferenz: Vereinbarung zur Neugestaltung der gymnasialen Oberstufe in der Fassung vom 11. 4. 1988 (Sammlung der Beschlüsse der Kultusministerkonferenz)
Kultusministerkonferenz: Handbuch für die Kultusministerkonferenz 1974, Bonn, 1974
A. Leschinsky / P. M. Roeder: Schule im historischen Prozeß, Frankfurt/M. – Berlin – Wien, 1983
Ch. Lindenberg: Waldorfschulen, Reinbek, 1975

H. Mastmann / W. Flößner / W.-P. Teschner u. a.: Gesamtschule, Schwalbach, 1968

B. Michael / H.-H. Schepp (Hrsg.): Politik und Schule von der Französischen Revolution bis zur Gegenwart. Band 2: Von der Weimarer Republik, bis zu BRD/DDR, Frankfurt/M. 1974

M. Müller (Hrsg.): Marchthaler Pädagogische Beiträge, Rottenburg, 1978 ff.

J. Muth u. a.: Behinderte in allgemeinen Schulen, Essen, 1982

W. H. Peterßen (Hrsg.): Orientierungsstufe, Ravensburg, 1975

A. Reble: Gesamtschule im Widerstreit, Stuttgart, 1981

H. Röhrs (Hrsg.): Die Schulen der Reformpädagogik heute, Düsseldorf, 1986

H. Schelsky: Schule und Erziehung in der industriellen Gesellschaft, Würzburg, 1957

H. Scheuerl: Das Gymnasium, in: Deutscher Bildungsrat: Die Gliederung des deutschen Schulwesens, Stuttgart, 1968

K. Schittko: Differenzierung in Schule und Unterricht, München, 1984

H. Sienknecht: Der Einheitsschulgedanke. Geschichtliche Entwicklung und gegenwärtige Problematik, Weinheim – Berlin, 1968

Suchpfade: Was hilft bei der Suche nach einer möglichst guten Schule?

Nun muß dringend die Suche nach Elementen einer guten Schule wieder aufgenommen werden. Unter dem Titel ‚Suchpfade' will dieses Kapitel drei Angebote machen. Im ersten Abschnitt werden fünf Orientierungspunkte entwickelt werden, die die Suche nach der wie möglicherweise der Mitgestaltung der guten Schule bestimmen helfen sollen.

Aber die Suchpfade können zu weiteren Fundstellen führen. Im zweiten Abschnitt werden Szenarios dargestellt, die den Schulvormittag prinzipiell anders gestalten helfen können, übrigens auch in der normalen Halbtagsschule.

Der dritte Suchpfad führt mit entsprechenden Darlegungen zur Ganztagsschule, die nach Umfragen über 30 % der Eltern in der Bundesrepublik Deutschland für ihre Kinder wünschen.

Pädagogik geht vor Administration

Der Begriff der Organisation steht denen der Verwaltung, der Administration und des Managements sehr nahe. So könnte schnell die Annahme Platz greifen, wenn wir nur alles besser organisieren würden, wäre das, was uns an der Schule fehlt oder zu fehlen scheint, schnell herbeigeschafft, und alles wäre gut.

Die administrative Verstörung der Schule

Jede Gesellschaft schafft sich mit ihrem Schulsystem/Bildungssystem eine Einrichtung, deren Ziel die Organisation von Lernprozessen für große Massen von Schülern ist. Damit sind Schulsysteme als rationale Zweck-Mittel-Systeme zu konstruieren (Fend).

Die Konstruktionslogik von formalen Organisationen liegt darin, Institutionen als die Normierung von Handlungsabläufen zu verstehen. Prozesse werden vereinheitlicht, normiert und vergleichbar gemacht. Das neben den offiziellen Abläufen Verbleibende gerät schnell ins Illegale.

Im Alltag führt dieses Denken vor allem zu dem typischen Verwaltungshandeln. In der Schule ist die Schulleitung damit beschäftigt, Stundenpläne zu erstellen, Raumverteilungen vorzunehmen, Schülerverzeichnisse anzulegen, Lehrmittel zu besorgen, sich um Vertretungen zu kümmern, Lehrmittelsammlungen, Vorgänge für schwierige Schüler anzulegen, Behördenanfragen zu beantworten. Die Schulverwaltung (untere und mittlere Schulbehörde) hat ohnehin mit der Rekrutierung von Lehrer/-innen, der Zuteilung an Schulen, Kontroll- und Beurteilungsbesuchen, mit der Frage von baulichen Erweiterungen von Schulen u. a. mehr zu tun. Auf Dienstbesprechungen leistet man sich manchmal etwas Pädagogik zur Auflockerung. Aber zu lange darf das nicht dauern! Offiziell wird kein Fortbildungsbedarf zugegeben. Ist also in diesem Teil der Organisation des Schulwesens Pädagogik fast hinausgequetscht, so tendieren Lehrer/-innen dazu, ihr Verhalten nach Maßstäben auszurichten, die aus dem Bereich der Bürokratie und der formalen Organisation stammen.

Dienstrecht, Erlasse, Orientierung an Schulleitern, besonders wenn sie wie im Gymnasium Dienstvorgesetzte sind, führen LehrerInnen zu administrativen Verhaltensmodellen, die mit fortschreitendem Dienstalter immer dominanter werden. Man gibt Stunden und versucht, für sich einen möglichst günstigen Stundenplan zu bekommen, der Stundenplan kanalisiert unbarmherzig und für den Einzelnen womöglich auch entlastend das pädagogische Engagement. Man gibt die Leistungserwartungen an die Schüler/-innen weiter, man erwartet Pünktlichkeit, Ruhe, Gehorsam, selbst ist man ja auch dazu verpflichtet. Über die möglichen Sanktionen (Zensuren, Zeugnissen, Abschlüsse) praktiziert man Macht, wenn es notwendig wird. Schüler, die schwierig sind, werden zu Vorgängen. Schule und Unterricht sind eigentlich nie schuld, wenn es jemand nicht schafft.

Wenn etwas stärker Sand im Getriebe ist, kann man den schulpsychologischen Dienst, Beratungslehrer, Experten einschalten. Dann wird es schon wieder gehen. Im Notfall können bis auf die Sonderschule alle Schularten SchülerInnen abgeben und damit administrative Problemreduzierung betreiben.

Was braucht eine gute Schule heute und morgen?
Jede einzelne Schule lebt eine bestimmte pädagogische Kultur oder sie ist eine pure Vermittlungsinstanz für von wem auch immer für wichtig gehaltenem Wissen und Können. Für ihre spezifische pädagogische Kultur muß sie 4 Problemkreise klären:

- Was geben Schulen zum Lernen auf?
  Oder: das Problem einer Allgemeinbildung heute
- Wie gehen wir in der Schule miteinander um?
  Oder: das Problem der Beziehungsstrukturen
- Wie organisieren Lehrer/-innen das Lernen?
  Oder: das Problem sinnvoller Zeit-, Handlungs- und Materialstrukturen
- Lehren wir eigentlich das Lernen?
  Oder: da gibt es ein zweites Curriculum

Allgemeinbildung heute

Die Diskussion um die Schule muß sich endlich und sehr dringlich dem zuwenden, was den Kern ihrer Arbeit ausmacht: den Inhalten. Vielleicht ist das Thema zu schwer oder zu selbstverständlich – jedenfalls ist die Curriculumdiskussion gegenüber den 60er Jahren ziemlich verkommen. Nachdem wir den heimlichen Lehrplan der Regeln und Routinen, der Konventionen und Disziplinierungen entdeckt hatten, scheint heute der offizielle Lehrplan hinter die Kulissen gerutscht zu sein.

Die Wissensvermittlung ist umfangreich, aber kaum einer hat noch einen Begriff von Allgemeinbildung. Wir lehren 12–16 Unterrichtsfächer in den Schulen, hat ein einziger noch eine Ahnung davon, was sie im Zusammenhang für eine Bildungsidee repräsentieren? Wir werden an der Schule vorbeireden, wenn wir nicht schleunigst die alles bestimmende Macht der Inhalte hinterfragen.

Die Diskussion müßte von folgenden Aspekten bestimmt sein:

Der individuelle Aspekt zeitgemäßer Bildung
Eine in der Tradition der europäischen Aufklärungsphilosophie stehende Erziehungswissenschaft müßte eine Bildungsidee formulieren, nach der Heranwachsende zu kritischem Selbstverständnis, zu Selbstbestimmung und zu konkreter Handlungsfähigkeit geführt werden bei gleichzeitiger stetiger Reflexion über die gesellschaftlichen Gegebenheiten. Intellektualität und ein differenziertes Sprachvermögen sollten unaufgebbare Bildungsmomente sein. Doch zur individuellen Bildung gehört Verantwortung für den anderen und für die Gesellschaft, ja für die Welt.

Der gesellschaftliche Aspekt zeitgemäßer Bildung
Bildung ist gesellschaftlich lebensnotwendig, und möglichst viele Mitglieder der Gesellschaft sollten gebildet sein. Die immer wieder zu beobachtende Angst vor zu vielen Gebildeten bezieht sich auch auf eine bildungstheoretisch nicht zu haltende Auffassung, nach der sich Bildung nach der Höhe des Schulabschlusses bemessen lasse. Statt dessen ist zu prüfen, welche Art von Bildung wir gesellschaftlich benötigen, um unsere Lebensverhältnisse humaner, freundlicher, entkrampfter zu gestalten, was die Menschen an Lebensausrüstung brauchen, um ihr Leben wie das der anderen lebenswert zu gestalten. So gesehen ist der gebildet, der nicht nur sein Wissen und seine Sprache kultiviert, sondern der auch Sorge dafür trägt, daß sein Nachbar, allgemeiner sein Mitbürger, sein Mitmensch, wo immer er in der Welt leben mag, auch lebenswerte Verhält-

nisse gewinnt. Bildung ist insofern durch Verantwortung für die Welt gekennzeichnet.

Der curriculare Aspekt zeitgemäßer Bildung

Nach diesen eher grundsätzlichen Positionsbestimmungen erhebt sich die Frage, was sie konkret für das Curriculum einer Schule bedeuten. Mit der folgenden Übersicht sei eine Grundstruktur vorgeschlagen.

Curriculare Strukturen

3. Weltaufschließende Fächer

- Religion
- Mathematik
- Physik
- Chemie
- Biologie
- Geographie
- Geschichte
- Politik
- Arbeit
- Wirtschaft
- Ökologie
- Sprachen

2. Schlüsselprobleme der Gegenwart

- Friedensfrage und Ost-West-Verhaltnis
- die Umweltfrage
- Möglichkeiten und Gefahren des naturwissenschaftlichen, technischen und ökonomischen Fortschritts
- sog. „entwickelte Länder" und „Entwicklungsländer" sowie das Nord-Süd-Gefälle
- soziale Ungleichheit und ökonomisch-gesellschaftliche Machtpositionen
- Demokratisierung als generelles Orientierungsprinzip der Gestaltung unserer gemeinsamen Angelegenheiten, also z.B. auch der Wirtschaft, oder Begrenzung auf Teilbereiche?
- Arbeit und Arbeitslosigkeit in ihrer ökonomisch-gesellschaftlich-politischen Bedeutung und in ihrer Bedeutung für die individuelle und soziale Identität des einzelnen
- Arbeit und Freizeit – sind wir wirklich auf dem Wege zu einer Freizeitgesellschaft?
- Freiheitsspielraum und Mitbestimmungsanspruch des einzelnen und kleiner sozialer Gruppen einerseits und das System der großen Organisation und Bürokratien andererseits
- das Verhältnis der Generationen zueinander
- die menschliche Sexualität und das Verhaltnis der Geschlechter zueinander
- traditionelle und alternative Lebensformen
- individueller Glücksanspruch und zwischenmenschliche Verantwortlichkeit
- Recht und Grenzen nationaler Identitätsbestimmung angesichts der Unabdingbarkeit universaler Verantwortung
- Deutsche und Ausländer in Deutschland
- Behinderte und Nichtbehinderte
- Möglichkeiten und Problematik der Massenmedien und ihrer Wirkung
- die wissenschaftliche Wirklichkeitsbetrachtung, die sog. „Verwissenschaftlichung" der modernen Welt und das tagliche Verhältnis von Mensch und Wirklichkeit.

4. Leben entfaltende Fächer

- Spiel
- Musik
- Sport
- Kunst
- Werken
- Textiles Gestalten
- Gartenbau
- Ernährung
- Muttersprache
- Fremdsprachen

1. Existentielle Orientierungen

- Ein an Freiheit, Vernunft, Gerechtigkeit orientiertes Wert- und Normensystem
- Soziale Sensibilität und Handlungsfähigkeit
- Engagement und Verantwortung
- Sinnfindung und Lebensdeutung fächerübergreifend zu gewinnen aus Philosophie, Religion, Recht

- Die herkömmlichen *Fächer* haben von jeher zwei fundamentale Funktionen: Sie schließen die Welt auf nach je spezifischen Sachbereichen und Interpretationsmustern. Sie erklären die sächliche, soziale, historisch gewordene Welt. Und sie vermitteln Wissen und Kompetenzen, mit deren Hilfe sich Leben entfaltet und gestaltet. Das *Leben* in der *Welt* bekommt sein Fundament. Die Übersicht ordnet die Fächer in den Kästen drei und vier nach ihren schwerpunktmäßig (nicht ausschließlich) wahrzunehmenden Aufgaben.
- Jeder Interessierte weiß, daß dies noch nicht alles sein kann. Da gibt es einen Bereich von sogenannten *Schlüsselproblemen* (Klafki, 1985), die in bestimmten geschichtlichen Phasen eine besondere Bedeutung haben und mit denen sich jeder, der als gebildet gelten will, befaßt haben muß. Es sind meist *überfachliche Themen* (Kasten 3). Sie so in ein schulisches Curriculum einzubringen, daß sie als „Querstreben" integrative Aufgaben sein können, wäre wichtig. Die rein fachlichen Zugänge und Aufschlüsselungen allein reichen heute für schulische Bildungsprozesse nicht mehr aus.
- Und ein weiteres integratives Moment erscheint notwendig: Mehr denn je sind *existentielle Orientierungen* notwendig, um Sinnfindung und Lebensdeutung zur Grundlage allen Handelns und aller Reflexion zu machen. Die Vielfalt möglichen Wissens bedarf der Zusammenhänge, des integrativen Denkens, der Zusammenschau. Heranwachsende gerade mit dieser Aufgabe allein zu lassen, wäre sträflich. Das Problem ist, wie eine über Fächer organisierte Schule sich so gestalten kann, daß solche existentiellen Orientierungen nicht nur Zufallsprodukte sind, sondern konstitutive Momente moderner Bildungsarbeit werden können.

Das Problem der Beziehungsstrukturen

Der zweite zentrale Punkt ist die Frage nach dem Ethos, dem Geist, dem Klima einer Schule. In diesem Punkt ist die schulpädagogische Diskussion reger. Ich möchte dies auch an einigen wichtigen Punkten konkretisieren.

Eine neu verstandene Lehrerrolle

Das Ethos einer Schule beginnt beim Selbstverständnis der Lehrer. Schüler beobachten sehr genau, für was Lehrer stehen und für was nicht. Wichtig ist dabei, wie bedeutsam einem die eigenen Fächer sind, wie man Ansprüche über die Sachen deutlich machen kann, wie man Spaß an Leistung vermitteln kann im Sinn von Freude daran haben, etwas zu können. Inkompetenzbeobachtungen bei Lehrern und Inkompetenzerlebnisse bei einem selbst sind wohl auf Dauer deprimierend.

Für Sachen stehen und Interesse an den Schülern haben (v. Hentig): wenn sich dies vermitteln läßt, ist ein erster entscheidender Punkt gewonnen.

Überzeugungen zu repräsentieren, ist für Schüler ein nächster wichtiger Orientierungspunkt. Der Lehrer, der sich in allen wichtigeren Lebens- und Lernfragen neutral verhält, schafft keine Orientierung. Das heißt, Lehrer müssen darüber nachdenken, welches Wert- und Normensystem sie repräsentieren, ob sie sich engagieren und gleichzeitig Andersdenkende tolerieren können (Bönsch, 1986).

Die sozialen Beziehungen

Wichtig erscheint mir dann die Gestaltung der sozialen Beziehungen. Toleranz, Gerechtigkeit, Fairneß, Achtung der Würde des anderen, Geduld miteinander, Freundlichkeit, Verständnis sind hier die entscheidenden Tugenden. Verläßlichkeit in den sozialen Beziehungen und Respekt vor dem anderen müssen den Alltag bestimmen.

Da man selbst nicht immer gut drauf ist, muß man dies auch dem anderen zugestehen. Wenn so ein bestimmter Stil des Umgangs miteinander entsteht, ist genauso wichtig, über das Darüberreden, über das Nachdenken Überzeugungsarbeit ständig zu praktizieren. Die Revitalisierung des sozialen Lernens scheint mir ein dringendes Anliegen zu sein. Das Verhalten der Lehrer muß Identifikationsangebote machen.

Das Klima einer Schule

Das Klima einer Schule zeigt sich am ehesten in atmosphärischen Gegebenheiten. Positive Indizien sind:

- Es herrscht Arbeitszufriedenheit bei Schülern und Lehrern.
- Die Beziehungen im Alltag sind kooperativ und verständnisvoll.
- Lehrer und Schüler halten sich in der Schule auf, auch wenn sie unterrichtsfrei haben.
- Die Lehrer kooperieren häufig miteinander.
- Die Schüler haben viel Spielraum zur eigenverantwortlichen Gestaltung des Lernens und Lebens in der Schule.
- In der Schule ist häufig was los: Sportveranstaltungen, Theater-AGs, Klassenfeste, Disco-Treffs und anderes.
- Der Unterricht ist aufgelockert durch Exkursionen, Erkundungen u. a.
- Der Freizeitbereich wird von Schülern und Lehrern genutzt.
- Zuversicht und Freundlichkeit sind bestimmende Größen im Alltag.
- Zeit füreinander zu haben, ist bei allen Belastungen immer vorhanden.
- Arbeiten mit Sinn macht den Unterricht aus.
- Die sozialen Beziehungen finden Chancen in angemessenen Größenordnungen in bezug auf Gruppierungen und Organisationsformen.
- Die Schule ist alles in allem ein Ort, wo man aufwachsen kann (Paul Goodman).

Vergewisserungen schaffen, Verpflichtungen aufbauen, Verantwortung ermöglichen

Auf dieser Basis ist es dann möglich, im wechselseitigen Verhalten Vergewisserungen, Verläßlichkeiten zu schaffen. Und was noch wichtiger ist: Für jeden müssen sich Verpflichtungen im Alltag ergeben, muß der Alltag Verantwortung ermöglichen.

Wenn man Lehrer nicht verläßlich einschätzen kann, wenn man also ständig unsicher sein muß, wie Reaktionen sein werden, bleibt nur Ohnmacht, aus der Apathie erwachsen muß.

Schule muß auch Verpflichtungen aufbauen, in denen man steht und die man wahrnehmen kann. Das Individuum wächst in dem Wechselspiel von Pflichten und Freiheiten. Es muß den Alltag mitgestalten können und es muß sich Freiheiten leisten können. Der dritte Punkt besteht in der Chance, Verantwortung zu übernehmen. Der Schüler als Objekt von Maßnahmen kann nur reagieren. Der Schüler als Subjekt mit Verantwortung kann agieren, bekommt Reaktionen auf seine Aktivitäten zu spüren und kann daraus lernen.

Entfaltungsspielräume schaffen, Ereignisse ‚anzetteln', Handlungszusammenhänge entwickeln
Und wenn die ausgeführten Punkte akzeptiert werden können, ist dann die Frage wichtig, wie das alles zum Leben kommen kann. Das Leben in sozialen Beziehungen, Verpflichtungen wahrnehmen, Verantwortung ausüben, dafür sind Situationen, Ereignisse, Handlungszusammenhänge wichtig. Und hier muß eine Schule entscheiden, welchen strukturierten Zusammenhang aus dem Arsenal von Möglichkeiten sie schaffen will. Für den Tag, für die Woche, für das Schuljahr muß ein Programm von Ereignissen, Anlässen, Handlungszusammenhängen, Entfaltungsspielräumen die Lebens- und Lernmöglichkeiten schaffen, die schließlich Schulleben ausmachen.

Wie das Lernen organisiert wird

Fast wie ein Naturgesetz dominieren der 45-Minuten-Takt und der ständige Fächerwechsel die Schule. Man kann sich Schule anders fast gar nicht vorstellen. Diese Gegebenheiten erzwingen folgerichtig bestimmte Vermittlungprozeduren.

Die Frage ist, ob diese Organisationsmuster eigentlich bildungs- oder mindestens lernfreundlich sind. Ich bezweifle dies. Andere Handlungs-, Zeit- und Materialstrukturen können Schule qualitativ verändern. Offener Unterricht ist die Signalvokabel. Handlungsorientierter Unterricht und lernanregende Umgebung gehören dazu. Folgende Annahmen werden dabei verfolgt:

- Veränderte Zeiteinteilungen könnten qualitativ andere Lernprozesse befördern.
- Anregende Materialien und Lerngelegenheiten (Lernecken, Druckerei, Biblio- und Mediothek u. a.) könnten die vorherrschende Vermittlungsdidaktik teilweise ergänzen.
- Schüler/-innen könnten endlich wenigstens zeitweise ihr Lernen in die eigene Hand nehmen und Lernen neu erfahren.

Offener Unterricht und offenes Lernen scheinen in der schulpädagogischen Diskussion neue Aktualität zu gewinnen.

Offener Unterricht als Rahmen für offenes Lernen stellt eine Alternative dar, die mehrere Dimensionen hat. Sie beginnt mit der

- Dimension „institutioneller Offenheit", die die Abschottung der Schüler/-innen in einer festgelegten Schulart zumindest teilweise aufhebt.
- Die Dimension „organisatorisch-methodischer Offenheit" schafft Lernmöglichkeiten, die mit- oder selbstbestimmtes Lernen fördern und ermöglichen.
- Die Dimension „inhaltliche Offenheit" eröffnet die Auseinandersetzung mit Fragen, Problemen, Konflikten aus den kulturellen, sozialen, politischen und ökonomischen Bereichen heutigen Lebens, sie ermöglicht den Schüler/-innen den Zugriff zu Lebensproblemen, die in den Büchern nicht vorkommen.
- Die Dimension „Schülerorientierung" schafft einen alternativen Pol zur „Lehrplanorientierung". Sie berücksichtigt konsequent die Lebens- und Lernlagen, Unterschiede im Lernen (Lerntempo, Verstehensmöglichkeiten, Lernwege) und gibt das Lernen inhaltlich wie verfahrensmäßig stärker in die Verantwortung der Schüler/-innen.

Die Grundidee ist, daß Lernen ein Prozeß ist, der von Individuen realisiert werden muß – Unterricht kann immer nur als Hilfe zum Lernen verstanden werden – und daß Bildung ein Prozeß ist, der Selbstvergewisserung (wer bin ich?), Weltverstehen (wer sind die anderen? Welchen Sinn macht das individuelle und gesellschaftliche Leben aus?) und Weltbemächtigung (Wo finde ich meinen Platz? Was ist mein Interesse? Was sind meine Rechte und Pflichten?) befördern muß. Dieser Prozeß muß wesentlich von den Betroffenen (Schüler/-innen) getragen werden. Schule und Unterricht müssen ihn mit allen Kräften fördern. Sie haben keinen Selbstzweck, sondern eine dienende Funktion gegenüber dem fundamentalen Ereignis ‚Menschwerdung' in seinen individuellen und sozialen Aspekten.

Die folgende Übersicht gibt noch einmal stichwortartig die Grundfolie wider, auf der Wege zum offenen Lernen im einzelnen entwickelt werden können.

Geschlossener Unterricht – Offener Unterricht

Lehrerorientierter, vermittelnder Unterricht	*Wochenplanarbeit*	*Freie Arbeit*	*Wahldifferenzierter Unterricht*	*Projektarbeit*

– von der Lehrperson geplant, gesteuert, ausgeführt und ausgewertet
– mit Phasen der individuellen Arbeit, Partnerarbeit, Gruppenarbeit (Binnendifferenzierung) aufgelockert
	– die Aufgaben sind von der Lehrperson vorgegeben
	  – Mathematik
	  – Deutsch
	  – Sachunterricht
	– Es besteht ein offener Zeitrahmen (2 oder mehr Stunden in der Woche)
	– SchülerInnen können Reihenfolge, Zeitumfang, Kooperation selbst bestimmen
	– Die Lehrperson kontrolliert die ausgeführten Arbeiten
		– die SchülerInnen können in einem vorgegebenen Zeitrahmen (1 oder mehr Stunden in der Woche) Art und Inhalt von Tätigkeiten selbst bestimmen
		  – spielen
		  – lesen
		  – Übungen
		  – kleine Projekte
		  – Materialangebote laden ein
		Die Tätigkeiten bleiben in der Verantwortung der Schülerinnen
			– Das Konzept gilt je für 1 Unterrichtseinheit
			– Es besteht aus 3 Phasen:
			  – Strukturierungsphase
			Die Thematik wird entfaltet
			  – Differenzierungsphase
			Die SchülerInnen können sich Teilthemen zur selbständigen Bearbeitung wählen. Sie arbeiten an Teilthemen
			  – Vermittlungs- und Reflexionsphase
			Es wird berichtet, ergänzt über die Arbeit reflektiert
				einmal im Schuljahr oder mehrere Male werden Projektwochen in Klassen oder gemischten Gruppen durchgeführt
				  – nach vorgegebenen Themen (wie Menschen leben z.B.)
				  – nach konkreten Anlässen
				  – nach „gefundenen" Themen
				Es kann sich auch um einzelne Projekttage handeln

Vermittelnder Unterricht ⟷ Arrangements von Lernsituationen ⟷ Handlungsorientierter Unterricht

Veränderung der Lehrerrolle

Längst ist die Vision von einer Schule deutlich geworden, die andere Strukturen als die heutige hat. Da wir parallel dazu bemerken, daß sich auch die Schüler/-innen ändern, die Zusammensetzung der Schüler/-innen in einzelnen Schularten ohnehin – man denke nur an das Gymnasium –, ist die Lehrerrolle folglich auch weiterzuentwickeln.

Konkret: Wenn man das wöchentliche Stundendeputat von LehrerInnen um 3–4 Stunden von der Pflicht des Stundengebens freimachen könnte, um Zeit zu gewinnen für Lernberatung, für Lebensberatung, für außerunterrichtliche Aktivitäten, für Aktivitäten in der Lebenswelt der SchülerInnen, für Sinn und Kooperation entfaltende Arbeit zwischen Lebenswelt und Schule, wären die Lern- und Lebenschancen vieler Schüler/-innen qualitativ ganz anders zu entfalten. Die Aufarbeitung von sich kumulierenden Lernschwierigkeiten, eine andere Organisation der Freizeit, Elternarbeit, das Sichkümmern um schwierige Lebensverhältnisse, der Diskussionsabend alle vier Wochen in einer Wohnung, die Entfaltung des Schullebens, Ferienaktivitäten für ausländische Schüler und vieles andere mehr bekäme eine Chance!

Vielleicht ist Schule so unattraktiv, weil man Lehrer/-innen im wesentlichen nur als Unterrichtende erlebt mit all den damit verbundenen Restriktionen.

Mit anderen personellen Ressourcen wäre unter Umständen ein ‚qualitativer Sprung' möglich, der all die Stützsysteme überflüssig machte, weil wir in der Schule wirklich pädagogisch arbeiten können. Die gesellschaftlichen Forderungen nach der vollen Halbtagsgrundschule, nach mehr Ganztagsschulen zwingen uns fast schon auf diesen Weg, den wir nicht wieder durch die Arbeitsteilung LehrerInnen unterrichten – ErzieherInnen gestalten den Freizeitbereich – beschreiben sollten.

Die Pädagogik muß integrativ – unteilbar – sein, die Schule wird in ihrer pädagogischen Kultur gewinnen. Auch wenn das noch ein wenig wie Utopie klingt – von dem jeweils noch nicht Möglichen leben wir nicht unwesentlich!

Die volle Halbtagsgrundschule

Mehr aus gesellschaftlich-praktischen denn aus zunächst pädagogischen Gründen ergibt sich gegenwärtig eine Entwicklung zur sogenannten vollen Halbtagsschule im Primarbereich. Die Berufstätigkeit beider Eltern oder eines alleinerziehenden Elternteils verlangt danach, daß die Grundschule darauf reagiert. Oft beginnt der Unterricht erst zur 2. oder gar 3. Stunde, und das Unterrichtsende (nach der 3., 4., 5. oder 6. Stunde) ist ebenso variabel. Mit den Arbeitszeiten in der Arbeitswelt stehen sie selten in Einklang, so daß für ArbeitnehmerInnen kaum eine Möglichkeit der sinnvollen Abstimmung von Familien- und Arbeitszeit besteht. Im Prinzip stellt sich die Forderung nach einer Verbreitung der Ganztagsschule.

Dies ist ein Problem eigener Gewichtigkeit. Eine Zwischenlösung kann zweifellos die sogenannte volle Halbtagsgrundschule sein, die zugleich der Arbeit in der Grundschule neue Möglichkeiten eröffnen kann.

Weiterentwicklung der Grundschule

Die reformerischen Aktivitäten in bezug auf die Grundschule sind insgesamt gesehen umfangreicher und reger als im Sekundarbereich. Diskussion und Veränderung greifen unter den Stichworten „Freie Arbeit", „Wochenplanarbeit", „Projektarbeit", „offener Unterricht" in vielen Grundschulen in jeweils unterschiedlicher Intensität. Häufig aber wird die allemal zu knappe Zeit beklagt, die konsequentere Reformen verhindere. Hier ist vielleicht der Berührungspunkt von gesellschaftlich-praktischen und pädagogischen Überlegungen. Die volle Halbtagsgrundschule kann einen anderen Zeitrahmen für die pädagogische Arbeit schaffen, der einerseits mehr möglich macht, andererseits eine entspannende Wirkung haben kann. Der Zeitrahmen wird folgendermaßen bestimmt: 7.30–13.30 Uhr. Wer morgens zur Arbeit muß, sollte auf dem Weg Kind oder Kinder zur Schule bringen können bzw. das gemeinsame Losgehen sollte möglich sein. Die Schule muß dafür vor 8.00 Uhr geöffnet sein. Mittags ist ein Schluß nach der 6. Stunde sinnvoll. Für alle Teilzeitbeschäftigten müßte sich damit Arbeits- und Familienzeit auf diese Weise wieder verbinden lassen.

Das erste Szenario (für das 1. und 2. Schuljahr)
Nach dem Erlaß für die Arbeit in der Grundschule betragen die Höchststundenzahlen für das 1. Schuljahr 22, für das 2. Schuljahr 23 Stunden (für Schüler, die am katholischen Religionsunterricht teilnehmen, kommt 1 Stunde dazu). Dies ist das eine Ausgangsdatum, das andere soll hier die Fünftagewoche sein (Montag bis Freitag).

	Mo	Di	Mi	Do	Fr
7.30– 8.15	◄-- offene Eingangsphase: Spielen, Singen, ---► Gesprächskreis, Arbeitsplanung				
8.15– 9.00 9.05– 9.50	Gelenkte Arbeit: Lehrgangsorientierte Arbeit				
9.50–10.30	◄------- Spiel- und Frühstückspause -------►				
10.30–12.00	Freie Arbeit			Musik/ Kunst	Projekt-phase Sach-unterr.
12.15–13.00	Sport	Religion	Sport	Religion	
13.00–13.30	Offene Schlußphase: Spielen, Singen, Berichten, Verabredungen				

Das erste Szenario soll zuerst einmal eine differenzierte und doch Verläßlichkeit gebende Lern-, Arbeits- und Spielkultur entwickeln helfen. Die für eine Schule sinnvollen Varianten können vielfältig sein.

Offene Eingangsphase (7.30–8.15 Uhr)
Die offene Eingangsphase eröffnet die Möglichkeit, zu unter-

schiedlichen Zeiten zur Schule zu kommen. Wer da ist, kann mit einem Spiel anfangen, andere Besorgungen erledigen (Pflanzen gießen, Tiere füttern, Materialien vorbereiten u. a.). Gegen 8.00 Uhr werden die meisten da sein (man könnte dies auch so verabreden). Ein Gesprächskreis, eine Singrunde, eine Lesung o. ä. könnte dann den gemeinsamen Tagesanfang bestimmen. Insgesamt gesehen bestimmt nicht die Klingel den Anfang, sondern ein langsames Miteinander-in-Gang-kommen.

Gelenkte Arbeit (lehrgangsorientierte Arbeit) (8.15 – 9.00, 9.05 – 9.50 Uhr)

In der Frühe des Morgens stehen dann zunächst zwei Stunden gelenkter Lernarbeit an: Die Lehrgänge in Mathematik und Deutsch haben hier ihren Schwerpunkt. Andere lehrgangsorientierte Vermittlungen (Lernstrategien, Lern- und Arbeitstechniken) können hinzukommen.

Spiel- und Eßpause (9.50 – 10.30 Uhr)

Eine längere Pause am Vormittag kann die Chance eröffnen, die häufig nicht so sehr entwickelte Pausenkultur neu zu beleben. Das gemeinsame Frühstück, eine gestaltete Spiel- und Sportphase und freies Spiel können über die Woche hinweg in eine bestimmte Struktur gebracht werden.

Freie Arbeit, Kunst (10.30 – 12.00 Uhr)

Der spätere Vormittag hat durchgehend einen Block von einer Doppelstunde. Im hier entwickelten Vorschlag dient er an drei Tagen der freien Arbeit. Diese ist also recht großzügig konzipiert. Die freie Arbeit kann der individuell und gruppenweise praktizierten Fortsetzung der lehrgangsorientierten Arbeit dienen, Anliegen des Sachunterrichts können verfolgt werden, Spiel, Lesen und andere von den Schüler/-innen initiierte Tätigkeiten können Inhalt dieser drei Phasen pro Woche sein. Die musisch-kulturelle Bildung bekommt ihren festen Zwei-Stunden-Block am Donnerstag. Die vorgesehene dritte Stunde kann in die offene Eingangsphase oder auch in die freie Arbeit eingehen. Im Grundansatz einer offenen Grundschularbeit werden ohnehin die Lernanliegen nicht nur stundenweise organisiert, sondern im Sinne einer ganzheitlichen Bildungsarbeit die Woche integriert gestalten helfen. Wenn einem Kollegium 6 Stunden freie Arbeit pro Woche zuviel sind, kann natürlich jederzeit der Wochenplan anders organisiert werden. Dies muß zu den Selbstverständlichkeiten reformerischer Arbeit gehören: Ein Kollegium gestaltet den Wochenplan so, wie es ihn für richtig und verantwortbar hält.

Projektarbeit im Sachunterricht

Auf den Freitag (es könnte jeder andere Wochentag sein) ist ein Drei-Stunden-Block gelegt, der es erlauben würde, den Sachunterricht in Projektform durchzuführen. Auch dies könnte eine Neuerung sein und aktuellen Diskussionstendenzen folgen.

Fachstunden (12.15–13.00 Uhr)

Die Zeit von 12.15–13.00 Uhr dient von Montag bis Donnerstag nach einer 15minütigen Pause (12.00–12.15 Uhr) bestimmten Fachstunden (Sport/Religion). Die jeweils vorgesehene dritte Stunde geht in der offenen Eingangsphase bzw. in der großen Pause auf. Dort können kleinere Anliegen auf die Woche verteilt realisiert werden.

Offene Schlußphase (13.00–13.30 Uhr)

Der lange Vormittag endet in einer wiederum offenen Schlußphase mit Spielen, Singen, Berichten, Verabredungen für den nächsten Tag bzw. für die nächsten Tage.

Hausaufgaben

Es würde wohl dem Sinn einer vollen Halbtagsgrundschule entsprechen, wenn man anmerkt, daß bei einer so langen Verweildauer in der Schule nicht noch Hausaufgaben für den Nachmittag erteilt werden können. Was an Übungen, zu Ende zu bringenden Arbeiten und vorbereitenden Aufgaben ansteht, wäre in der freien Arbeit, für den Sachunterricht auch in der dreistündigen Projektphase, zu erledigen, so daß der Nachmittag für die Kinder frei von Schularbeiten bleibt.

Eine Variante für das erste Szenario (1./2. Schuljahr)

Um aufzuzeigen, daß es in diesem Beitrag um Grundstrukturen geht, die variabel gehandhabt werden können, sei eine Variante aufgezeigt. Im Prinzip muß jedes Kollegium den ihm möglichen und den von ihm verantwortbaren Wochenplan entwickeln, das sei wiederholt.

<table>
<tr><th></th><th>Mo</th><th>Di</th><th>Mi</th><th>Do</th><th>Fr</th></tr>
<tr><td>7.30– 8.15</td><td colspan="5">← Offene Eingangsphase →</td></tr>
<tr><td>8.15– 9.00</td><td colspan="4">← Fach- und lehrgangsorientierter Unterricht →</td><td rowspan="5">Projekttag</td></tr>
<tr><td>9.05– 9.50</td><td colspan="4">← Fach- und lehrgangsorientierter Unterricht →</td></tr>
<tr><td>9.50–10.30</td><td colspan="4">← Spiel- und Frühstückspause →</td></tr>
<tr><td>10.30–11.15</td><td colspan="4">← Fach- und lehrgangsorientierter Unterricht →</td></tr>
<tr><td>11.20–12.05</td><td colspan="4">← Fach- und lehrgangsorientierter Unterricht →</td></tr>
<tr><td>12.15–13.30</td><td colspan="5">Freie Arbeit, Fächerarbeit, Hausaufgaben, offene Schlußphase</td></tr>
</table>

Diese Variante mag dem einen oder anderen besser gefallen. Die offene Eingangsphase bleibt erhalten, weil sie den zugrundeliegenden Motiven der vollen Halbtagsgrundschule sehr entspricht. Dann liegen von Montag bis Donnerstag vor und nach der großen Spiel- und Frühstückspause, die auch erhalten bleibt, je vier Stunden für die eher fach- und lehrgangsorientierte Arbeit, ehe jeder Tag in einer Phase von 75-Minuten-Dauer, mit Anliegen verschiedener Art gefüllt (auch konventionelle Hausaufgabenerledigung), schließt. Ein Tag in der Woche – hier ist es der Freitag – ist Projekttag, an dem immer ein thematisches Anliegen in ganzheitlicher Weise bearbeitet wird. Erhalten bleibt an diesem Tag allerdings auch die Schlußphase von 75 Minuten für die skizzierten Anliegen.

Dieser Planvariante könnte man auch gut folgen, wenn

die volle Halbtagsschule nur bis 13.00 Uhr dauern würde. Die Schlußphase würde sich entsprechend kürzen.

Da der Lehrerstundenbedarf bei der vollen Halbtagsgrundschule steigen wird und dies schnell zu Engpässen führen könnte, sei hier der Vorschlag gemacht, daß zwischen Unterrichtszeit und Anwesenheitszeit unterschieden wird. Anwesenheitszeiten wären die offene Eingangsphase, die Spiel- und Frühstückspause, die offene Schlußphase im Szenario. Sie würden zu den Unterrichtszeiten im Verhältnis 2:1 gerechnet werden.

Das zweite Szenario (für das 3. und 4. Schuljahr)

Für das 3. und 4. Schuljahr sind 26 bzw. 27 Wochenstunden vorgesehen.

	Mo	Di	Mi	Do	Fr
7.30– 8.00	← Offene Eingangsphase →				
8.00– 8.45	Gespr.-kreis Wochen-plan.	Sport	Projekttag Sachunterricht	Musischer Bereich	Religion
8.50– 9.35	Religion	Musik			Deutsch/Mathe
9.35–10.15	← Spiel- und Frühstückspause →				
10.15–11.00	Lehrgangs-			orientierte Arbeit	
11.05–11.50	Deutsch/Mathe			Deutsch/Mathe	
11.50–12.05	← P a u s e →				
12.05–12.50	Freie Arbeit /			Sport	Wochen-schluß-kreis
12.50–13.30	AG			Freie Arbeit	

Prinzipien der Wochenplangestaltung sollten sein:

1. Die Lehr-/Lernarbeit sollte von einem *Wochenplan* her bedacht werden, nicht von einzelnen Fächern her. Der Wochenplan folgt einer bestimmten Dramaturgie.
2. *Ganzheitliche* Denk-, Lern- und Lehrweisen bestimmen die inhaltliche Gestaltung der Woche. Das Prinzip der Ganzheitlichkeit aber konkurriert auf produktive Weise mit dem *Fachprinzip*. Dieses muß daher ebenfalls genügend Spielraum erhalten.
3. Elemente des *Diskursiven*, des *Musischen*, der *Lehrgangsorientierung*, der *freien Arbeit* und der *Projektarbeit* bestimmen den Wochenablauf.

Das bedeutet für das vorgeschlagene Szenario im einzelnen:

Offene Eingangsphase (7.30–8.00 Uhr)

Wieder beginnt der Tag mit einer offenen Eingangsphase. Diese ist jetzt auf 30 Minuten verkürzt. Jeder kommt in dieser Zeit zur Schule und widmet sich selbstbestimmten Tätigkeiten oder ersten Gesprächen. Der Klassenlehrer/die Klassenlehrerin ist ab 7.30 Uhr da.

Wochenanfangsgesprächskreis/Wochenplanung (Montag, 8.00–8.45 Uhr)

Jede Woche beginnt dann mit einer Stunde, in der über die geplante und zu planende Arbeit gesprochen wird. Die Kinder sollen frühzeitig lernen, inhaltliche Schwerpunkte und Vorgehensweisen nachzuvollziehen und mitzugestalten (Metalernen). Die Grundeinsicht dabei ist, daß Lernarbeit umso erfolgreicher wird, je mehr sie eingesehen, übersehen und mitgestaltbar wird.

Spiel- und Frühstückspause (9.35–10.15 Uhr)

Vom 1./2. Schuljahr erhalten bleibt die lange Spiel- und Frühstückspause. Sie soll strukturierte Spiel-, Sing- und Bewegungsaktivitäten und freies Erholen beinhalten.

Projektarbeit (den ganzen Mittwochvormittag)

Der Sachunterricht hat seinen Schwerpunkt in der Projektarbeit am Mittwochvormittag. Dabei können Themen ‚am Stück' bearbeitet werden. Der ganzheitliche Ansatz der Bildungsarbeit bekommt hier seine Chance. Vom zerstückelten Bearbeiten von Themen wird damit abgegangen. Vermittlungsphasen, Erkundungen, Gruppenarbeiten und freie Arbeit am Thema werden den Vormittag bestimmen.

Lehrgangsorientierte Arbeit (Mo/Di/Do im 2-Stunden-Block, Freitag im 3 Stunden-Block)

Dem Anspruch der fachorientierten Arbeit wird in 9 Stunden pro Woche für Deutsch und Mathematik entsprochen. Damit wird Bedenken, die vor allem bei Eltern bestehen können, begegnet. Die zehnte Stunde geht mit in die Projekt- oder freie Arbeit.

Fachbereich ‚musisch-kulturelle Bildung'

Dieser Fachbereich bekommt einen 2-Stunden-Block, eine Einzelstunde und geht mit seiner 4. bzw. 5. Stunde in die anderen Blöcke (Projekt- oder freie Arbeit) ein.

Freie Arbeit, AG, Wochenschlußkreis

Auch die freie Arbeit hat wieder einen Platz im Wochenplan. Insgesamt stehen wöchentlich sieben Stunden zur Verfügung. Eine AG könnte relativ fest eingeplant werden. Vier Stunden dienen der freien Arbeit im engeren Sinn (Anschlußarbeiten für die Projekte oder die lehrgangsorientierten Phasen, selbstbestimmte Tätigkeiten, Förderungsmaßnahmen für kleine Gruppen, hausaufgabenähnliche Erledigungen). Der regelmäßige Wochenschlußkreis am Freitag (zwei Stunden) könnte Anlaß sein, sich klassenübergreifend zu versammeln, um von der Arbeit der Woche etwas darzustellen, etwas vorzuspielen, etwas zu zeigen, miteinander zu singen u. ä. m. Er wäre eine Gelegenheit der Veröffentlichung, Anwendung, des Gebrauchs des Gelernten und beschließt gleichzeitig die Woche mit gemeinsamen Aktivitäten. Wenn immer eine Klasse die Federführung hätte, wären bis Donnerstag die Beiträge der beteiligten Klassen anzumelden und zu einem Programm zusammenzustellen.

Verbleibende Fachstunden

Für Religion und Sport werden je zwei Stunden angesetzt. Die dritte Sportstunde geht in der wöchentlichen Spielpause auf. Bei wirklich integrierter Arbeit könnte man sich denken, daß das Fach Religion in Phasen am Wochenanfang und -schluß, in der offenen Eingangsphase und an weiteren Stellen aufgeht. Wegen der unterschiedlichen Bekenntnisse der Kinder aber hat dies sicher seine Grenzen.

Insgesamt gesehen soll das Szenario eine Grundschularbeit deutlich machen, die von eindeutig fachübergreifenden Intentionen geprägt ist. Sofern sie nicht überwiegend von einem Lehrer/einer Lehrerin für die einzelne Klasse wahrgenommen werden kann, ist Teamarbeit unbedingt notwendig; die von verschiedenen Lehrer/-innen wahrgenommenen unterrichtlichen Aufgaben wären in gemeinsamer Planung so aufeinander abzustimmen, daß der ganzheitliche Ansatz der Grundschularbeit für die Kinder nicht verlorengeht. Bei partiellen Doppelbesetzungen würde das ohnehin so schwer nicht sein.

Zwei Varianten für das zweite Szenario (3./4. Schuljahr)
Während die vorgeschlagene Wochenplanung vom Autor als mittlere konsensorientierte Lösung angesehen wird, muß für alle Kollegien klar sein, daß eine weniger und eine stärker konsequente Variante allemal möglich wäre. Die erste sei die konventionelle, und die zweite sei die offene Variante genannt. Beide seien kurz vorgestellt, um die Bandbreite möglicher Realisierungen anzuzeigen.
Die konventionelle Variante

	Mo	Di	Mi	Do	Fr
8.00– 8.45	Religion	Mathe	Sport	Kunst/W.	Religion
8.50– 9.35	Deutsch	Deutsch	Deutsch	Deutsch	Deutsch
9.35–10.15	← Große Pause →				
10.15–11.00	Sachunt.	Sachunt.	Mathe	Mathe	Mathe
11.05–11.50	Sport	Werken/	Sachunt.	Sport	Mathe
12.00–12.45	AG	Kunst	Sachunt	Förderm.	Musik
12.50–13.35	6. Stunde zur Disposition				

Der Plan ist streng fachlich aufgebaut. Im Grunde braucht man den sechsten Tag, wenn man bei der Gestaltung ein bißchen Spielraum haben möchte. Das Ende des Vormittags ist auf 13.15 Uhr gelegt. Man hat Mühe, alles unterzubringen. Grundschule so gestaltet, ist eine ‚Schule der Lektionen'. Die Folge der Fächer ist im Grunde beliebig, die Organisation für den ‚Stundenplanmacher' wahrscheinlich einfacher. Pädagogisch-didaktisch gesehen ist keine besondere Idee erkennbar. Wenn keine fächerübergreifende Rationalität Platz greifen kann, wird merkwürdigerweise der Gestaltungsspielraum auch sehr eng. Man kann dann nur die Fächer auf die zur Verfügung stehende Zeit verteilen.

Die offene Variante

<table>
<tr><th></th><th>Mo</th><th>Di</th><th>Mi</th><th>Do</th><th>Fr</th></tr>
<tr><td>7.30- 8.15</td><td colspan="5">← Offene Eingangsphase →</td></tr>
<tr><td>8.15- 9.00
9.00- 9.45</td><td colspan="5">Gelenkte Unterrichtsphasen:
eher lehrer-, lehrgangsorient. Unt.
u. Phasen der Einzel- u. Gruppenarbeit</td></tr>
<tr><td>9.45-10.25</td><td colspan="5">Spiel- und Frühstückspause</td></tr>
<tr><td>10.25-11.10</td><td colspan="5">← Phase freier Arbeit →</td></tr>
<tr><td>11.10-11.55</td><td colspan="5">Gelenkte Unterrichtsphase</td></tr>
<tr><td>12.10-12.55
oder 13.30</td><td colspan="5">Phase freier Arbeit mit Übungs-, Fächerteilen</td></tr>
</table>

Diese Variante wird deshalb offen genannt, weil sie nur ein allgemeines Raster vorgibt, das inhaltlich je nach curricularer Konzeption (eher fachübergreifend), Lehrerbesetzung und -kooperation und Unterrichtskonzept (offener Unterricht) gefüllt werden kann. Die Variabilität wäre recht groß: Es könnte konsequent projektorientierter Unterricht, es könnten aber auch stärker gelenkte Phasen eingebaut werden. Wenn z.B. die Anwesenheitspflicht ab 7.45 Uhr gelten würde, hätte man an jedem Morgen 30 Minuten für gemeinsame Aktivitäten (Kurzstunde). Wenn man die lange Spiel- und Frühstückspause nicht will, könnte eine weitere Kurzstunde von 25 Minuten entstehen, die im Verbund mit der folgenden Phase freier Arbeit ihren Sinn in bezug auf Einführungen, gemeinsame Übungen usw. bekommen könnte. Wenn man das Ende des Vormittags auf 13.30 Uhr ansetzt, was für viele Familienkonstellationen sicher sinnvoll wäre, entstünde am Ende des Vormittages eine 80 Minuten-Phase, die variabel genutzt werden könnte. Versuche mit Lang-(45 Minuten oder 90 Minuten) und Kurzphasen (ca. 30 Minuten) sind ja immer wieder unternommen worden, um Unterrichtszeiten unterschiedlichen didaktisch-methodischen Bedürfnissen anzupassen.

Herausforderung „volle Halbtagsschule“

Das gesellschaftlich entstandene Bedürfnis, unter dem Terminus technicus „volle Halbtagsgrundschule“ gefaßt, nach stetiger und den ganzen Vormittag umfassender Betreuung schafft Herausforderung und Chance. Die Herausforderung besteht darin, veränderte Rahmen (Zeit-)strukturen zu schaffen. Die Chance liegt darin, diese pädagogisch für reformerische Anliegen zu nutzen, die schon länger, aber auch aktuell diskutiert werden (offener Unterricht, freie Arbeite, Wochenplanarbeit, Projektarbeiten). Die Bewältigung dieser Lage könnte zu einer qualitativen Verbesserung der pädagogischen Arbeit in der Grundschule führen. Die bisherige schulpädagogische Reformdiskussion ist für diese Schulstufe ohnehin am intensivsten gewesen (im Sekundarbereich ist sie viel zurückhaltender). Das ist als Chance zu sehen, jetzt einen qualitativen Sprung zu versuchen und auch zu schaffen!

Literatur

H. Berens: Schulversuch volle Halbtagsschule, ‚Beispiele‘, 2/91

M. Bönsch: Die volle Halbtagsgrundschule. Zu neuen Rahmenstrukturen der Grundschule, ‚Beispiele', 1/91

M. Bönsch: Aktionstage. Handlungsorientierung und adaequate Rahmenstrukturen, ‚Beispiele', 1/91

K.-H. Burk: Ganze Halbtagsschule – Grundschule mit festen Öffnungszeiten, Arbeitskreis Grundschule e.V., Sonderheft 8, Frankfurt, 1990

M. Fölling-Albers: ‚Leben und Lernen' in der Grundschule, ‚Grundschule', 2/89

E. Kosmis: Auf dem Weg zur vollen Halbtagsgrundschule, ‚Beispiele', 2/91

V. Längsfeld: Wochenstrukturplan. Kernstück zur Einführung der vollen Halbtagsgrundschule, ‚Beispiele', 2/91

H. Meyer: Unterrichtsmethoden II, Frankfurt, 1989

E. Neuhaus-Siemon: Grundschule im Wandel, ‚Grundschule', 2/89

Niedersächsisches Schulgesetz in der Fassung vom 27. 9. 1993

J. Oelkers: Öffentliche Erwartungen an die Grundschule, ‚Grundschule', 2/89

A. Pöhlig: Mehr Zeit zum Lernen und Spielen, ‚Hannoversche Allgemeine Zeitung', 31. 10. 1991

Schulverwaltungsblatt: 2/81: Die Arbeit in der Grundschule 11/90, 8/91: Informationen zum Schulversuch volle Halbtagsgrundschule

G. Warnken: Ganztagsschule, Ganztagsbetreuung, Volle Halbtagsgrundschule, ‚Beispiele', 2/91

G. Warnken: Volle Halbtagsgrundschule, Aufforderung zur Fortsetzung der Grundschulreform, ‚Beispiele', 2/91

Pädagogik des ganzen Tages

Über die Ganztagsschule oder variierende Betreuungsangebote ist dringend nachzudenken. Allzu schnell kann bei steigendem Bedarf – Befragungen zeigen eine durchschnittliche Nachfrage von bis zu 40 Prozent der Eltern schulpflichtiger Kinder (Bargel/Kuthe 1990) – und mangelhaften Ressourcen – die Kultushaushalte sind schon mit der Sicherung eines nicht befriedigenden Status quo überfordert – der Hang zu nur administrativ bedachten Lösungen Platz greifen. Pädagogisch über Ganztagsschule nachzudenken heißt, die steigende Verantwortung, die Lebenszeit von Kindern und Jugendlichen in größerem zeitlichen Ausmaß institutionell zu organisieren, im Interesse eben dieser Kinder und Jugendlichen wahrzunehmen. Dies ist mit der oberflächlichen Suche nach billigen Lösungen nicht zu machen. Die zentrale Frage ist also: Wie begründet sich die Pädagogik des ganzen Tages, und was wären danach für Konsequenzen in gestalterischer Hinsicht zu ziehen?

Pädagogisch-schulpädagogisch gesehen sind folgende Fixpunkte zu formulieren:

Pädagogisch gesehen ist Schule als Ganztagsangebot nur zu rechtfertigen, wenn sie den vorgesehenen zeitlichen Rahmen (also z. B. Mo–Freit., 7.30–16.30 Uhr) inhaltlich mit einer „Pädagogik aus einem Guß" und nicht mit einer Art Supermarktangebot füllen kann. Man sollte sonst von Ganztagsschule als einem qualitativ besetzten Begriff lieber nicht mehr sprechen, sondern eher von Schulen mit Unterricht und Mittags-/Nachmittagsbetreuung o. ä. Pädagogik des ganzen Tages oder Pädagogik aus einem Guß heißt, die Schule in der vorgesehenen Zeit als Lebensgemeinschaft zu konzipieren, an deren Teilnahme jeder (LehrerInnen wie SchülerInnen) Gewinn zieht im Sinne eines anregenderen, bereichernderen, kommunikativeren, fördernderen Lebensangebotes, als dies der bisherige Alltag leistet.

Wenn schulpädagogisch mehr Lebenszeit von Schüler/-innen in Anspruch genommen werden soll – Lebenszeit ist nicht zurückgebbar! –, muß diese Lebensgemeinschaft wesentlich von Schüler/-innen mitbestimmt und -gestaltet sein können. Ganztagsschule wieder nur für und nicht mit ihnen zu gestalten, verpaßt den zentralen Ansatz, der hier mit dem Begriff der Lebensgemeinschaftsschule besetzt werden soll.

Mit diesen Fixpunkten sei der weitere Gang der Überlegungen markiert. In einem Dreischritt sind die weiteren Ausführungen angelegt:

1. das Konzept der Lebensgemeinschaftsschule,
2. offene Schule als Verzahnung von Unterricht und Freizeitangeboten,
3. Mittags- und Nachmittagsbetreuung in der Schule.

Lebensgemeinschaftsschule

Wenn man den ganzen Tag zusammen ist, kann man Schule nicht nach dem herkömmlichen Muster der Unterrichtsorganisation (Stundenplan) „bauen". In einer Lebensgemeinschaft ergeben sich Bedürfnisse des Zusammenseins (Leben, Lernen, Spielen, Arbeiten, Feiern), des Alleinseins (Entspannen, Lesen, Spielen, Ruhen, Musik hören), des Essens und Trinkens, es ergeben sich Notwendigkeiten des Besorgens (Material bereitstellen, Essen vorbereiten, Aufräumen). Der Tag und die Woche bedürfen der Rhythmen, Regeln und Rituale. Spannung und Entspannung, Arbeit und Spiel, Besinnung und Fröhlichkeit, Kommunikativität und Rückzug stehen in gegenseitigen Bezügen. Für Schüler/-innen und Lehrer/-innen gelten die gleichen Regelungen. Die Lebensgemeinschaft ist nicht eine Veranstaltung für Schüler/-innen, in die Lehrer/-innen eine Dienstleistung einbringen (Unterricht und Aufsicht), sie ist eine gemeinsam gelebte Zeit, in die sich jeder nicht mit nur einer Rolle, sondern als ganze Person einbringen muß, wenn sie befriedigendes und vielleicht sogar befreiendes und glückliches Leben beinhalten soll. Der Geist und die Atmosphäre der Gemeinschaft, das Ethos des Alltags, anregende und bereichernde Personen, Aktivitäten und Meditationen, anheimelnde Umgebung wie Aktivitätsvielfalt sind wesentliche Elemente.

Die große Chance der Lebensgemeinschaftsschule ist, daß sie das hat, was in der normalen Schule als Defizit beklagt wird: Zeit füreinander haben, Geduld bei Lernschwierigkeiten, Freundlichkeit im Umgang miteinander, ein ausgewogener Wechsel von Pflichten und Freiheiten, vielfältige Aktivitäten, aber auch Ruhe und Besinnung, Lehrer/-innen, die nicht nur Unterricht geben, ein erweiterter Lernbegriff, ein Geist, der den Alltag positiv prägt, aber auch einen weiterbringenden Konfliktaustrag erlaubt. Die wesentlichen Bauelemente seien kurz entwickelt:

Zeitrhythmen und Rituale

Wie in Lebenswelten und -gemeinschaften außerhalb der Schule sind die Zeitrhythmen und Rituale wichtig.

Der offene Tagesanfang

Unerläßlich erscheinen andere Anfänge als die mit der Klingel gegebenen. Von 7.30 Uhr an kann man in die Schule kommen. Besorgungen sind zu erledigen (Pflanzen und Tiere sind zu versorgen, man kann aber auch erst einmal lesen oder spielen). Am Montag findet man sich zu einem verabredeten Zeitpunkt zum Beispiel um 8.00 Uhr im Jahrgang zusammen (ein Kalenderblatt wird verlesen, Lieder werden gesungen, eine Lesung findet statt, an einem anderen Tag findet man sich in der Stammgruppe/Klasse zu einem Planungsgespräch zusammen). Häufiger aber ist der Anfang frei wahrnehmbare Zeit.

Der erste Arbeitsblock

Von 8.15–9.45 Uhr liegt der erste Arbeitsblock, in dem vermittelnder Unterricht wie selbständiges Arbeiten stattfinden.

Die erste Pause

Von 9.45–10.45 Uhr liegt die erste größere Pause für das gemeinsame Frühstück und für freies Spiel.

Der zweite Arbeitsblock

Von 10.15–11.45 Uhr liegt der zweite Arbeitsblock, der wie der erste gestaltet wird. Da es sich jeweils um sogenannte Doppelstunden handelt, kann man fächerübergreifend oder epochal arbeiten und den schon erwähnten Wechsel von lehrerorientiertem und selbständigem Lernen praktizieren.

Die zweite Pause

Von 11.45–12.00 Uhr liegt eine zweite kürzere Pause zur freien Verfügung.

Fachstunden

Von 12.00–12.45 Uhr ist Zeit für notwendigerweise fachorientierte Stunden.

Mittagspause

Von 12.45–14.15 ist die Mittagspause, in der gemeinsam gegessen wird (SchülerInnen und LehrerInnen). Die Kultur des gemeinsamen Essens und der Gespräche dabei ist für die Tagesgestaltung ein wichtiger Faktor. Aber es bleibt auch Zeit für Ruhe, sich hinzulegen, ein Spiel u. a. m.

Fachstunden

Von 14.15–15.00 Uhr ist wieder eine Zeit für Fachstunden.

Tagesausklang

Von 15.00–16.30 Uhr ist Zeit für Tätigkeiten in der Stammgruppe (Arbeitsstunden, Förderstunde u. a.). Wichtig ist, daß zu der Stammgruppe (20–25 Schüler/-innen und Stammgruppenlehrer) nach verabredetem Modus andere Lehrer/-innen dazustoßen, um spezielle Gruppenarbeiten, Förderanliegen, Projektarbeiten mitzutragen.

Zeitrhythmen und Rituale bedürfen zwar erst einmal des verläßlichen Gerüsts. Man merkt aber schnell, daß die Anliegen der Lebensgemeinschaft über das Tageszeitgerüst allein nicht erfüllt werden können. So ist über die Wochenstruktur zu sichern, daß größere Projektphasen etwa oder ein Wochenschlußkreis oder anderes mehr realisierbar werden. Auch hier gilt: Nicht für jede Woche ist Besonderes zu realisieren, aber es muß relativ leicht mit Zeit umzugehen sein. Wenn man den Tagesanfang, die große Pause, die Mittagszeit als sogenannte kommunikative Klammern verstehen könnte (man setzt sich zusammen, man frühstückt zusammen, man nimmt das Mittagessen zusammen ein) mit den dabei wie zu Hause möglichen Gesprächen über Freuden, Sorgen, Probleme, Erfolge, wäre für den Geist, der in der Schule herrscht, viel gewonnen.

Kommunitäten
Über das Leben in Landerziehungsheimen (z. B. Odenwaldschule) und die Praxis des TKM (Team-Kleingruppen-Modell) haben wir genügend Orientierung darüber, daß stabile Gruppen- und Personenbeziehungen für eine Lebensgemeinschaft ganz wichtig sind. Optimal wäre ein Modell, bei dem für Gruppen von Schülern feste Bezugspersonen über den Tag, die Woche, das Jahr gegeben sein können. Konkret heißt das, daß für eine Stammgruppe beispielsweise der Tagesanfang, die große Pause, die Mittagszeit und der Tagesausklang mit dem gleichen Lehrer/der gleichen Lehrerin gestaltet werden können, daß er/sie sogar auch in den beiden Arbeitsblöcken anwesend ist und daß für unterschiedliche Bedarfe andere Lehrer/-innen zeitweise dazukommen. Die Chance, die informellen Zeiten in stabilen personellen Bezugssystemen zu gestalten, könnte dem sozialen Lernen, den individuellen Bedürfnissen sehr helfen und den Gedanken der Lebensgemeinschaft entscheidend fördern.

Voraussetzung allerdings wäre eine Zweiteilung in den Aufgaben für die Lehrer/-innen: die einen würden zeitweise stärker sozialpädagogische und weniger im engeren Sinn unterrichtliche Aufgaben wahrnehmen, die anderen würden zeitweise eher Unterrichtslehrer sein, die an den Phasen des gemeinsamen Lebens aber auch teilnehmen. Der Bedarf an Lehrerarbeitszeit ist erheblich, in der Lebensgemeinschaftschule aber notwendig.

Offene Schule

Mit dem Begriff „offene Schule" ist ein Ganztagsangebot gemeint, das zwar die Priorität bei dem Unterricht setzt, aber doch eine Verzahnung von Unterricht im eigentlichen Sinne und Freizeitangeboten anstrebt und gegenüber der Pflichtteilnahme am ganzen Tag Kompromisse schließt.

Am Beispiel einer Ganztagsgrundschule seien die Grundstrukturen entwickelt:

7.15 – 8.00 Offene Anfangsphase

Die Schule ist ab 7.15 Uhr geöffnet. Die Kinder können in diesem Zeitraum kommen, wann sie wollen. Sie finden Spiel, Beschäftigungs-, Arbeits- und Ruhemöglichkeiten, von denen sie frei wählen können.

8.00 – 9.30 und 10.00 – 11.45 sind Unterrichtsblöcke, in denen nach dem Rhythmus von Spannung und Entspannung, vermittelnden und freien Phasen Unterrichtsinhalte ganzheitlich und fächerübergreifend bearbeitet werden.

Die große Pause von 9.30 – 10.00 Uhr ist eine Frühstücks- und Bewegungs-Spielpause, in der das gemeinsame Frühstück und strukturierte Bewegungsangebote die zentralen Elemente sind.

11.55 – 13.05 Freizeitstationen und Mittagstisch

In der 70minütigen Mittagszeit können die Kinder betreute Freizeitstationen aufsuchen. Freizeitstationen können sein: Turnhalle (freie Bewegungsangebote), Spielraum (mit Gesellschaftsspielen), Bücherei (Raum der Stille mit Leseangeboten), der gestaltete Schulhof mit Bewegungs- und Spielangeboten, Tischtennis-, Tanz-, Bastel- und Töpferangebote u. a. in weiteren Räumlichkeiten.

Pflicht- und Wahlnachmittage (13.15 – 15.15 Uhr).

Nach Jahrgängen gestaffelt werden von Schuljahr eins bis vier Nachmittagsangebote eingeführt. Im zweiten Halbjahr des ersten Schuljahres kann das ein erster Wahlnachmittag sein, im 2. Schuljahr ein Wahl- und ein Pflichtnachmittag, im 3. Schuljahr können dann zwei Pflicht- und ein Wahlnachmittag und im 4. Schuljahr das volle Angebot von vier Nachmittagen folgen (drei Pflicht-, ein Wahlnachmittag).

Die Nachmittagsangebote sind folgendermaßen zu bestimmen: Von den Pflichtnachmittagen sind ein bis zwei durch Silentien und freie Phasen gefüllt. Förder-, Übungs-, Arbeits-, Hausaufgabenstunden in alter Nomenklatur, Fortführung des Lehr-/Lernrhythmusses vom Vormittag bei Betreuung durch die gleichen Personen hätten die eigentliche Intention, Lebens- und Lernzusammenhänge über den ganzen Tag zu schaffen und nach den Bedürfnissen gemeinsame Phasen und freie Phasen, Arbeit und Spiel wechseln zu lassen. An den Wahlnachmittagen werden die unterschiedlichsten Arbeitsgemeinschaften angeboten (Stricken, Töpfern, Drucken, Modellbau, Tischtennis, Kochen, Englisch u. a.).

So können ganzheitliche Gestaltungen einiger Tage realisiert werden, möglichst mit durchgehend der gleichen personalen Betreuung (vielleicht in Gestalt von Tandems), andererseits sind frei wählbare Nachmittage dabei. Eltern und Kinder können also das Ausmaß der Anwesenheit in der Schule mitbestimmen. Hausaufgaben sollten nur an den Kurztagen gestellt werden.

Wenn für jeden Tag eine Art Hortangebot parallel zu den anderen Angeboten möglich wäre, vielleicht sogar bis 17.00 Uhr, könnte auch den Kindern ein Angebot gemacht werden, deren Eltern ganztägig berufstätig sind.

Die offene Schule mit einer Verzahnung von Unterricht, Freizeitangeboten und weiteren Gestaltungselementen läge also auf einer mittleren Linie zwischen Lebensgemeinschaftsschule und dem nun noch darzustellenden Ganztagsangebot mit voneinander unabhängigen Teilangeboten (Unterricht – Freizeit).

Ganztagsschule

Wenn man vom pädagogischen Impetus der Lebensgemeinschaftsschule noch ein Stück weiter wegnimmt, kommt man zu den sehr pragmatisch orientierten schulischen Angeboten mit Ganztagsbetreuung. Dies heißt, der Unterrichtsbereich bleibt wie bisher das eine (Pflicht-)Angebot, das nach Maßgabe der Kollegien konventionell oder reformerisch gestaltet wird. Das Teilangebot „außerunterrichtliche Betreuung" sieht so aus:

Es schließt sich an eine Betreuungszeit bis 13.00 Uhr mit der Möglichkeit zu freiem Spiel. Da die Kinder unterschiedliche Unterrichtszeiten haben, hat diese Betreuungszeit auch Auffangfunktionen.

13.00–14.00 Mittagessen und anschließende Ruhepause bzw. Bewegungszeit

14.00 – 14.45 Hausaufgabenbetreuung
15.00 – 16.30 Freizeitgestaltung u. a., auch Arbeitsgemeinschaften
16.30 – 17.00 Freies Spiel und Aufräumen

Die Teilangebote „Unterricht" und „außerunterrichtliche Betreuung" schließen also fließend aneinander an. Sie werden in der Regel je von anderen Personengruppen realisiert werden. Das zweite Teilangebot bekommt eine zusätzliche Variation dadurch, daß die Teilnahme nur teilverpflichtend ist. Diese Art von Ganztagsschule/Ganztagsbetreuung folgt überwiegend außerschulischen, sprich familiären Bedürfnissen. Es kann in zwei Teile zerfallen, sogar von unterschiedlichen erzieherischen Intentionen getragen sein. Wichtig wäre deshalb, wenigstens einen dauernden Konzeptions- und Erfahrungsaustausch zu installieren, um zum Beispiel die Hausaufgabenbetreuung dem Unterricht entsprechend zu realisieren, um aber auch einheitliche Erziehungs- und Bildungsintentionen zu verfolgen. Sonst kann dieses Ganztagsangebot in zwei sehr unterschiedliche Teile zerfallen. Von Ganztagsschule wäre dann nicht mehr zu reden, nur von einer Schule mit Unterricht und ergänzender Ganztagsbetreuung. Wenn man sich an die Idee der Lebensgemeinschaftschule erinnert, wäre man bei diesem Modell doch recht weit von ihr abgerückt (Gefahr bloßer Aufbewahrung).

Pädagogische Intentionen geraten gelegentlich in einen Trend des Pragmatismus, bei dem man sich fragt, ob er eigentlich noch zu rechtfertigen ist. Wenn man Schule nicht nur als Reparaturwerkstatt für außerschulisch auftretende Probleme versteht, muß man recht genau prüfen, welches Konzept wünschenswert ist und welches nicht. Schüler/-innen werden sonst mit den Füßen abstimmen, das heißt, sich so bald wie möglich Dispens beschaffen. Dieses Phänomen ist ohnehin in den Sekundarstufen I von integrierten Gesamtschulen zu beobachten.

Die Pädagogik des ganzen Tages in der weitestgehenden Form der Lebensgemeinschaftsschule ist im Grunde genommen identisch mit der Konzeption der Landerziehungsheime, bezogen auf den Tag und unter Auslassung von Abend und Nacht. Sie verlangt von Lehrer/-innen einen anderen Einsatz als die Halbtagsschule: Der ganze Tag ist mit Schülergruppen zu gestalten. Lehrer/-innen haben Anwesenheitszeiten wie die Schüler/-innen. Sie sind von Montag bis Freitag den ganzen Tag anwesend. Das Schichtmodell (die einen machen die Vormittagsschicht (Unterricht), die anderen übernehmen den „Rest", womöglich schlechter bezahlte Erzieher/-innen), ist unzulänglich.

Pädagogisch in begrenzter Weise zu verantworten ist die offene Schule, weil sie Zusammenhänge zu wahren versucht. Aber sie hat doch einen gehörigen Schuß Pragmatik. Mit dem Begriff „Ganztagsbetreuung" wird im Grunde die Pädagogik des ganzen Tages aufgegeben. Begründet werden kann sie nur noch mit der Ausgestaltung von Teilkonzepten, die im günstigen Fall aufeinander bezogen sind, aber im Alltag häufig nebeneinander stehen werden. Die Gefahr besteht, daß aus ökonomischen und administrativen Gründen ausgerechnet diese Variante die größten Realisierungschancen hat.

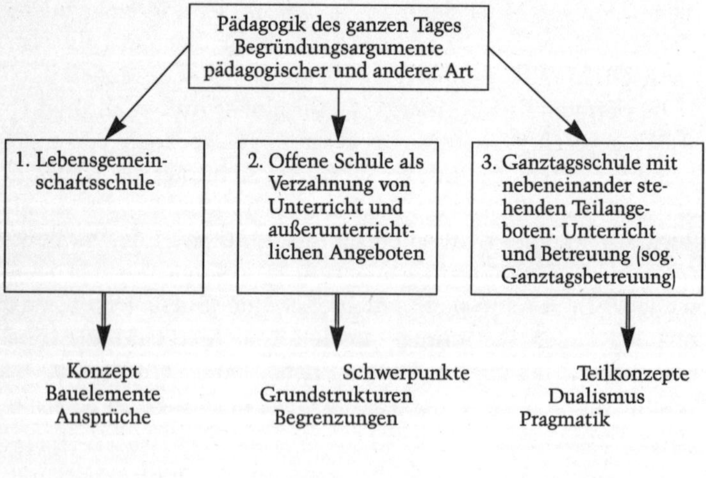

Literatur

St. Appel: Gesamtbibliographie; Ganztagsschule/Tagesheimschule. Kassel, 1983

T. Bargel / M. Kuthe: Ganztagsschule. Bonn, 1990 (hrsg. vom BMBW-Reihe „Bildung-Wissenschaft-aktuell 10/90)

M. Bönsch: Schule verbessern. Hannover, 1990

M. Bönsch: Lernökologie. Essen, 1986

M. Bönsch: Variable Lernwege. Ein Lehrbuch der Unterrichtsmethoden. Paderborn, 1991

Deutscher Bildungsrat: Empfehlung der Bildungskommission zur Einrichtung von Schulversuchen mit Ganztagsschulen. Stuttgart, 1969

R. Dorner / H. Witzel: Ganztagsschule. Ravensburg, 1976

H.-G. Holtappels: Mehr Zeit für Kinder! – Pädagogische Orientierungen für schulische Ganztagskonzepte, in: Die Deutsche Schule 1982, S. 150–166

H.-G. Holtappels / W. Lauff / J. Maxeiner: Für eine sozialpädagogische Schule. München, 1977

K, Hurrelmann: Plädoyer für mehr Ganztagsschulen, in: Pädagogik 1990, S. 39–43

K. Klemm u.a.: Bildungsgesamtplan '90. Weinheim – München 1990

H. Linde: Die Tagesschule. Tagesheimschule – Ganztagsschule – Offene Schule. Heidelberg, 1963

J. Lohmann: Das Problem der Ganztagsschule, Ratingen, 1965

U. Neumann / J. Ramseger: Ganztägige Erziehung in der Schule. Seelze, 3. Aufl. 1991

E. Sauermann / W. Heye (Bearb.): Schulversuch Ganztagsbetreuung in Niedersachsen. Hannover, 1991

Wunschbilder – Schöne Beispiele

Im Grunde sind jetzt alle Elemente einer guten Schule entwickelt worden. Zur Vervollständigung der Ausführungen werden „Wunschbilder" entwickelt. Das für den Leser/die Leserin Wichtige an diesen ist, daß es sich nicht um Phantasmen handelt, sondern um lebende Schulen.

Die Selbstdarstellungen der Schulen
Sie sind nach folgendem Raster aufgebaut:

1. *Äußere Daten:* einbezogene Schuljahre – Vorschuleinrichtungen – Abschüsse – Halbtags/Ganztagsschule – rechtlicher Status – Träger
2. *Das pädagogische Konzept*
(Grundgedanken – leitende Werte und Normen)
3. *Das Curriculum*
Der Lehrplan und seine Schwerpunkte
4. *Die Unterrichtsorganisation*
(Stundenplan, Lernstrukturen (offener Unterricht), soziale Lernformen, außerschulische Lernorte usw.)
5. *Das Schulleben*
(Soziales Lernen, offener Anfang, Pausenkultur, Feste und Feiern, Fahrten, Exkursionen, usw.)
6. *Leistungsfeststellung und -beurteilung*
(Zensuren, Zeugnisse, Ziffern/Wortzeugnisse usw.)
7. *Besonderheiten*
(Einrichtungen, Veranstaltungen, Regeln, Rituale usw.)
8. *Hinweis auf „verwandte" Schulen*
(Name, Adresse, Zahl)
9. *Kollegium*
(Zusammensetzung, Qualifikation)

10. *Elternarbeit*
(Intensität, Inhalte, Termine)
11. *Schulgeld*
Aufnahmebedingungen

Dann folgen jeweils Besonderheiten, die von Interesse sind.

Die Normalschule

Wunschbilder drücken immer das Erwünschte, Erhoffte aus. Da sie sich häufig nicht mit Realitäten decken, ist es gut, zunächst einmal den Normalfall, die normale Realität zu beschreiben. Man kann dann besser das „Mehr" in Richtung Wunschbild identifizieren.

Die Normalschule repräsentiert sich mit einem Schulgebäude, einem Lehrerkollegium, einem Ensemble von Fächern und einer variierenden Zahl von Unterrichtsstunden pro Woche. Sie gruppiert die Schüler/-innen nach Jahrgangsklassen mit unterschiedlichen Klassenfrequenzen (Schüler/-innenzahlen pro Klasse), um Unterricht durchzuführen. Hausmeister, Raumpflegekräfte, Schulsekretärin und manchmal Schulassistent/-in ergänzen das Personal.

Schulgebäude

Die Schulgebäude als *räumliche Lernumgebung* bestimmen häufig die erste Wahrnehmung. Sie können anheimelnd, farbig, einladend gestaltet sein. Häufiger aber machen sie eher einen distanzierten Eindruck. Die Klassenräume sind grau gehalten, das Mobiliar besteht aus Tischen und Bänken, Tafel und Pinnwänden. Lehrer/-innenzimmer, Rektorzimmer sind nur mit Schlüssel zu erreichen. Die Lehrer/-innen haben eigene abschließbare Toiletten. Der Arbeitsmittelraum ist sowieso verschlossen. So kann schnell der Eindruck einer behördenähnlichen Einrichtung entstehen.

Aber es gibt auch farbig und fröhlich eingerichtete und anmutende Schulen. Neben den Klassenräumen kann es Gruppenräume, eine Versammlungshalle (Aula), Fachräume und Turnhalle geben. Das *Schulgelände* ist nicht unwichtig. Wie ist der *Schulhof* eingerichtet, ist er schlicht betoniert oder hat er variable Aufenthaltsflächen mit Spielgeräten/-möglichkeiten, Pflanzen, Rasenflächen, gibt es gar einen *Schulgarten* oder Flächen vor den Klassenräumen für *Freiluftunterricht*? Die *Architektur* von Schulen ist sehr unterschiedlich. In Einfachbauweise besteht sie aus langen Fluren und davon abgehenden Klassenräumen. Ist sie differenzierter gestaltet, gibt es gestaffelte Ebenen/variable Trakte mit variabel eingerichteten und nutzbaren Fluren, Foren und Funktionsräumen. Die *Einrichtung* kann durch Helligkeit (Fenster, vielleicht sogar an zwei Wänden), Farben, Pflanzen, differenziertes Mobiliar/Funktionen (Regale, Fächer, Funktionsecken, Bibliothek, Leseraum, Mediothek) und Wärme (entsprechende Farben) eine Schule wohnlich machen. Die Tristesse des Graubetons braucht dann nicht vorzuherrschen.

Längst ist jedenfalls gesicherte Erkenntnis, daß das Äußere und Innere einer Schule für den Geist, das Klima und die Atmosphäre wichtig sind.

Lehrerkollegium

Schule ist dann durch *Personen* bestimmt. Das Lehrerkollegium ist hier entscheidend. In der Regel ist heute die Dominanz von Frauen in der Grundschule, zunehmend aber auch im Sekundarbereich aufwärts gegeben. In Gymnasien, Realschulen und Hauptschulen wird aber häufig der Anteil von Männern noch größer sein. Lehrer/-innen sind heute keine Allround-Pädagogen mehr. Sie sind für einige wenige Fächer ausgebildet, was die Unterrichtsorganisation in nicht unerheblicher Weise bestimmt (Fachunterricht). Eine wichtige Frage ist immer die nach der *Unterrichtsversorgung*: Kann die Schule den nach den Erlassen und Rahmenrichtlinien vorgesehenen Unterricht zu 100 % realisieren, hat sie also genug Lehrer/-innen oder fehlen Lehrkräfte? Ist die Unterrichtsversorgung *rechnerisch* zu 100 % gesichert, so kann man aufgrund von Erfahrungswerten sagen, daß die *reale* über das Schuljahr gesehen nur bei 90 % oder sogar darunter liegt, da durch Krankheit, Kuren, Fortbildung ein bestimmter Unterrichtsausfall regelmäßig entsteht. Rechnerisch also müßte die Unterrichtsversorgung eigentlich bei 110–115 % liegen, wenn der Unterrichtsbedarf wirklich gesichert sein soll. Engpässe ergeben sich leicht bei einzelnen Fächern (Religion, Sport, Naturwissenschaften).

Wichtig für eine Schule ist auch das *Selbstverständnis* der Lehrer/-innen. Verstehen sie sich primär als Pädagog/-innen, denen vor allem die Kinder und Jugendlichen am Herzen liegen, oder als Repräsentanten von Fächern und Leistungsansprüchen? Dies ist eine entscheidende Frage für den Schulalltag, für den *Geist*, für das *Klima* einer Schule. Realschullehrer/-innen, noch mehr aber Gymnasiallehrer/-innen sind heute von ihrer Ausbildung her immer noch eher Fachlehrer/-innen. Dieses Selbstverständnis determiniert das Rollenverständnis und die Pädagogik der Schule in entscheidender Weise.

Lehrplan

Die Regelschule bekommt heute die Vorgaben für die Lehr-/Lernarbeit durch Erlasse (Ausführungen des Kultusministers) und Rahmenrichtlinien (Texte, die von Kommissionen im Auftrag des Kultusministers verfaßt worden sind).

Über die *Stundentafel* werden die *Fächer* und die dafür vorzusehenden Stunden festgelegt. Damit ist der Rahmen des Lehrplans festgeschrieben. Für die Grundschule werden z.B. die Fächer Deutsch, Sachunterricht, Mathematik, Religion, Sport, Musik, Kunst, Gestaltendes Werken/Textiles Gestalten mit entsprechenden Stundenangaben für jeweils ein Schuljahr angegeben. Für das Gymnasium kommen beispielsweise die Fremdsprachen (und dabei die Sprachenfolge), statt Sachunterricht Geschichte, Sozialkunde, Erdkunde, Physik, Chemie, Biologie hinzu. Für Förderunterricht, Arbeitsgemeinschaften, Wahlpflichtunterricht werden weitere Stunden bzw. bestimmte

Kombinationen angegeben. Gelegentlich werden über eine sogenannte alternative Stundentafel Möglichkeiten für fächerübergreifenden Unterricht angeboten.

Die zentrale Frage ist ohnehin, ob sich aufgrund dieser Vorgaben ein Unterrichtsangebot ergibt, bei dem sich dann Fach für Fach ein 45-Min.-Rhythmus mit ständig wechselnden Lehrer/-innen ergibt („Fetzenstundenplan") oder ob durch fächerübergreifenden Unterricht, Epochenunterricht, Projekttag/-wochen und *Lehrerkonstanz* (ein Lehrer/eine Lehrerin gibt möglichst viele Fächer in einer Klasse) *inhaltliche Schwerpunkte, andere Zeiteinheiten* und damit mehr Chancen für *selbständiges Lernen* gesetzt und genutzt werden. Allgemeinbildung ergibt sich nicht allein durch einen unverbundenen Fächerkanon. Die *Vernetzung* und *Verknotung* von Inhalten, die Behandlung von *Schlüsselproblemen*, zu denen Fächer spezifische Beiträge leisten, sind entscheidende Aufgaben der Schulen heute. Die *Integration* unerhört umfangreichen Einzelwissens zu Weltverständnis, Weltaufschlüsselung, zu Lernen mit Sinn kann man nicht den Schüler/-innen allein überlassen. Die Normalschule aber ist auf diesem Wege häufig noch nicht sehr weit, und so ergibt sich immer wieder, daß die Schule fast stärker administrativ-organisatorisch bestimmt erscheint als pädagogisch.

Gruppierung der Schüler/-innen

Zum Gesamtbild einer Schule gehört wesentlich die Art, wie sie die *soziale Organisation* leistet. Gemeint ist damit die Gruppierung der Schüler/-innen. Das vorherrschende Organisationsprinzip ist die *Jahrgangsklasse*: Kinder/Jugendliche werden nach Schuljahrgängen in Klassen von 20–30 (oder mehr) Schüler/-innen zusammengefaßt. Sind die Schülerzahlen pro Jahrgang größer, werden sogenannte *Parallelklassen* eingerichtet (z. B. drei 4. Klassen). Man spricht auch von *Zügigkeit*. Diesem Organisationsprinzip liegt die Idee zugrunde, daß es eine gewisse *Altershomogenität* (sie ist konsequent eigentlich nie gegeben: Sitzenbleiber, ältere ausländische Schüler/-innen), auch

Homogenität in den jeweiligen Lernständen/Lernvoraussetzungen sichert und damit das Unterrichten, besonders wenn es lehrgangsorientiert ist, leichter macht.

In der reformpädagogischen Diskussion gibt es ein anderes Organisationsprinzip, nämlich das der *Altersheterogenität*. Mit diesem faßt man z. B. die Jahrgänge 1–3 in einer Lerngruppe zusammen, um das Bildungsgefälle in einer Lerngruppe (Klasse) positiv zu nutzen. Die Älteren können und wissen schon mehr und können dies den Jüngeren weitergeben, die Jüngeren lernen von den Älteren. Mitunter wird auch von der *Familien*gruppierung gesprochen. In einer späteren Phase (z. B. in der Gruppe, die das 4.–6. Schuljahr zusammenfaßt) sind die bis dahin Älteren selbst in der Position der Jüngeren und lernen von den Älteren. Mit diesem Gruppierungsprinzip wird von den Schüler/-innen immer wieder ein Rollenwechsel mit neuen Chancen und Aufgaben verlangt.

Ein wichtiges Moment sind die *Klassenfrequenzen*. In einer Klasse mit 35 Schüler/-innen muß der Unterricht anders organisiert werden als in einer Klasse mit 20 Schüler/-innen bzw. es ergeben sich jeweils andere Möglichkeiten mit größeren/kleineren und leichteren/schwereren Realisierungschancen. Der Extremfall des Einzelunterrichts hat in bezug auf den individuellen Lernprozeß andere Ansatzpunkte als die Unterrichtung einer Großgruppe von evtl. 40 Schülern. Andererseits ist auch das soziale Lernen von Quantitäten bestimmt. Größere Klassen schaffen schnell mehr Anonymität, extrem kleine Klassen (15 Schüler/-innen und weniger) können für Lernende schnell die Belastungen des Herausgefordertseins, des häufigen Drankommens stark erhöhen.

Das weitere Personal

Für das Leben und Arbeiten in einer Schule ist das weitere Personal in seinen Einstellungen und Verhaltensweisen nicht unwichtig. Mitunter erscheint ein Hausmeister „mächtiger“ als der Schulleiter/die Schulleiterin! Wie gehen die Raumpflegerinnen mit Arbeitsmaterial und Ausstellungsstücken um?

Ist die Schulsekretärin der gute Geist der Schule? Dies sind alles wichtige Fragen für die Alltagsarbeit.

Lernmaterial und -gerät

Die Qualität einer Schule hängt von der Ausstattung ab. Sind Lernmaterialien in genügender Zahl vorhanden, gibt es eine Bibliothek? Ist das Experimentiergerät und -material für den naturwissenschaftlichen Unterricht (Experimentalphysik statt Kreidephysik!) in genügendem Maße vorhanden oder nicht, ist es in einem modernen, aktuellen Zustand oder völlig veraltet?

Unterricht

Unterricht ist das Zentrum der Schule. Auch wenn ein Schulleben in Gestalt von Festen und Feiern, Exkursionen, Fahrten und Schullandheimaufenthalten, Projekten und Arbeitsgemeinschaften existiert, ist Unterricht die alles dominierende Veranstaltung. Er findet täglich 4–6 Stunden statt.

So ist es wichtig, etwas über dessen Realisierung zu wissen. Da gibt es erst einmal den lehrerorientierten Unterricht *(Vermittlungsdidaktik)*, mit dem die als wichtig angesehenen Einstellungen, Wissensbestände und Fertigkeiten von Lehrer/-innen vermittelt werden. Die Schüler/-innen haben all dies aufzunehmen, zu speichern und auf Abruf hin zu reproduzieren. Dieser Ansatz führt schnell zu der schon beschriebenen Schulmüdigkeit. Werden Lernsituationen aber immer wieder problemorientiert, handlungsorientiert, entdeckend-forschend arrangiert *(Arrangementsdidaktik)*, bekommt das Lernen andere Qualitäten. Schließlich werden zur Zeit intensive Möglichkeiten offenen Unterrichts (Wochenplanarbeit, Freie Arbeit, Wahldifferenzierter Unterricht und Projektarbeit) diskutiert und realisiert. Sie zielen darauf ab, Schüler/-innen mehr und mehr zu Selbständigkeit und Kooperation beim Lernen zu führen. Sie sollen dabei das Lernen lernen, das sie für das spätere Leben so dringend brauchen. Freilich bedarf es dazu der Verabredung, der Regelorientierung und der Kommunikationskompetenz. *Kommunikativer und offener Unterricht* schafft, wenn er gelingt, den höchsten Grad der Schülerbeteiligung. Die Frage ist also, welche dieser Unterrichtskonzepte Anwendung finden, in welcher Mischung und mit welchem Effekt.

Wunschbilder

Die Schule kann in räumlicher, personeller Sicht, in den Handlungs-, Sozial-, Zeit- und Materialstrukturen ein hohes Anregungspotential darstellen. Sie kann aber auch eine eher administrativ-bürokratische Verfaßtheit haben, die Unterricht für eine große Zahl von Schüler/-innen in einer großen Zahl von Unterrichtsstunden sichern will. Ist Letzteres dominant, besteht die Gefahr, daß auch die Lehrer/-innen in ihren Verhaltensmustern sich an administrativ-organisatorischen Abläufen orientieren. Dann wird Schule schnell zur „Unterrichtsfabrik". Die *Wunschbilder* gehen in eine andere Richtung: Wo findet man eine Schule, in der Lebendigkeit der Personen, ein pädagogisches Ethos, Innovationsbereitschaft und reformerische Elemente zu einer gelebten Lehr-/Lerngemeinschaft führen, wo Lernen Spaß macht und Persönlichkeiten (junge wie etwas ältere!) aktiv sind und einander Gewinn verschaffen.

Jenaplanschule (Peter-Petersen-Schule)

Die hier dargestellte folgt Ideen Peter Petersens und ist eine der wenigen Jenaplanschulen, die heute (leider) noch in Deutschland bestehen. In den Niederlanden gibt es sehr viel mehr Schulen, die nach diesem Konzept arbeiten.

Peter Petersen (1884–1950) ist der Schöpfer der sogenannten Jenaplan-Pädagogik, die in Jena für die dort der Universität angeschlossene Übungsschule von ihm entwickelt worden ist. Es ging ihm um eine Lebensgemeinschaftsschule mit folgenden Kennzeichen:

Stammgruppen statt Jahresklassen

Petersen konstatierte den Bankrott der Jahre (Jahrgangs)klasse und bildete altersheterogene Gruppen. Die Schüler/-innen des 1.–3. Schuljahres sind in der Untergruppe, die des 4.–6. Schuljahres in der Mittelgruppe, die des 7./8. Schuljahres in der Obergruppe. Da er eine zehnjährige allgemeine freie Volksschule forderte, gehören die Schüler/-innen des 9./10. Schuljahres zur Jugendlichengruppe. Das Bildungsgefälle dieser Stammgruppen nutzte er positiv für die gemeinsame Arbeit.

Wochenarbeitsplan statt „Fetzenstundenplan"

Petersen löste den sogenannten Fetzenstundenplan, bei dem Fach auf Fach willkürlich folgt, durch einen Wochenarbeitsplan ab, der sich in sog. pädagogische Situationen gliedert. Die vier Urformen der Bildung (Gespräch, Spiel, Arbeit, Feier) realisieren sich im freien und gebundenen Unterrichtsgespräch (Kreis), im Rollen-, Stegreif- und Lernspiel, in der Gruppen- und Kursarbeit und in den Feiern. Die Woche bekommt damit eine bestimmte Struktur.

Gruppenunterrichtliches Verfahren im Dienste der Freien Arbeit und persönlichen Bildung

Die Gruppenarbeit nimmt innerhalb der Stammgruppen eine zentrale Stellung ein. Freies Arbeiten fördert die Selbständigkeit. Beides steht im Dienst der Persönlichkeitsbildung.

Kurse zur Sicherung des Mindestwissens

Die straffer und lehrgangsmäßig geführten Kurse bilden einen Kontrapunkt zur Gruppenarbeit. Es gibt im Jenaplan Niveaukurse, Einführungs- und Einschulungskurse. Die Aneignung methodischen Könnens ist dabei wichtiger als die Speicherung von Wissen.

Feiern im Dienst der Gemeinschaftsbildung

Feste und Feiern spielen eine große Rolle. Im Jenaplan unterscheidet man die vom Lehrer gebotene Feier (z.B. eine Morgenfeier), die vom Lehrer geleitete Feier (z.B. das Sommerfest der Schule), die vom Lehrer durchformte Feier (z.B. für Schulanfänger), die von Schüler/-innen gestaltete Feier (z.B. Geburtstagsfeiern).

Arbeits- und Leistungsberichte statt Zensuren

Eine bedeutende Stellung bekommt die Selbst- und Kameradenbeurteilung. Am Ende jeden Halbjahres wird über jedes Kind

ein Bericht angefertigt: ein sogenannter objektiver für die Eltern und ein sogenannter subjektiver für die Schüler/-innen.
Schulwohnstube als Raum für soziale und sittliche Erziehung
Petersen legte großen Wert auf eine wohnliche Ausstattung der Schulräume. Die Schüler/-innen sollen die Räume mitgestalten. Der Raum hat Einfluß auf das emotionale Wohlbefinden, das Miteinander und die Qualitäten der Arbeit.
Schulgemeinde als Lebensstätte der Jugend
Lehrer/-innen, Eltern und Schüler/-innen bilden nach dem Jenaplan eine Gemeinde. Alle drei Gruppen tragen bei, daß die Schule eine Lebensstätte für die Jugend werden kann.

Mit diesen in aller Kürze beschriebenen Merkmalen des Jenaplans ist der schulpädagogische Ansatz vorgestellt. So kann damit das folgende Schulporträt besser eingeordnet werden.

Grund- und Hauptschule Steinau-Ulmbach – Versuchsschule nach dem Jenaplan von K. Willführ

Äußere Daten und Kollegium
Wir sind als Grund- und Hauptschule mit zur Zeit 150 Kindern recht überschaubar. Die Schüler/-innen kommen aus Steinau-Ulmbach und einigen umliegenden Dörfern. Wir sind Regelschule, arbeiten aber seit 25 Jahren nach dem Jenaplan. Bewußt haben wir nach dem Jenaplan jahrgangsübergreifende Gruppen gebildet. Es sind drei Gruppen 1.–3. Schuljahr, 2 Gruppen 4.–6. Schuljahr und noch eine Gruppe 7.–9. Schuljahr. Diese sechs Stammgruppen haben jeweils eine/n Stammgruppenleiterin/leiter, die/der mindestens die Hälfte der Unterrichtszeit in der Stammgruppe ist. Zwei Fachlehrkräfte unterrichten Sport, Religion, Musik, Polytechnik.

Das pädagogische Konzept
Anregungen aus dem Jenaplan
Muß man den Jenaplan ganz übernehmen, oder lassen sich Teile daraus auch in der Regelschule übernehmen?

Wer die pädagogische Entwicklung betrachtet oder selbst neue Wege beschreitet, wird oft den Jenaplan entdecken oder danach arbeiten, ohne dies zu wissen. Es ist ja gerade das Besondere am Jenaplan, daß engagierte Lehrkräfte zu dieser Arbeit kommen, weil sie eine Schule für Kinder gestalten wollen. Daß es sich um bereits bewährte Formen handelt, zeigt doch, daß zur „humanen Schule" bestimmte Elemente gehören bzw. diese bilden.

Was kann aus dem Jenaplan als Hilfe übernommen werden bzw. wird bereits praktiziert?

Der Morgenkreis als Einstimmung in die Woche und der Wochenabschlußkreis als Nachbesinnung bzw. Zusammenfassung der Arbeit.

Der individuelle Weg zur Leistung durch Einrichtung z. B. eines Lesekurses/-Rechenkurses.

Das fächerübergreifende Arbeiten an Themen, um ein ganzheitliches Arbeiten zu fördern und dem Schüler/der Schülerin Zeit zum vertiefenden Arbeiten zu geben.

Die Gestaltung des Gruppenraumes als Arbeits- und Lebensraum der Kinder.

Die Bereitstellung von zahlreichen Arbeitsmitteln zur selbständigen Arbeit und Kontrolle.

Tischgruppen zur Auflösung des frontalen Prinzips und Förderung sozialer Entwicklung.

Die Freie Arbeit als Möglichkeit der freien Gestaltung und der Förderung vielfältiger Leistungen.

Die Einbeziehung von Fluren und Vor- bzw. Nebenräumen zur Gestaltung verschiedener Arbeiten.

Die innere Differenzierung der Arbeit, z. B. Kleingruppenarbeit für spezielle Themen.

Die Pausengestaltung durch Bereitstellung von vielen Spielgeräten in einer langen Pause von mindestens 30 Minuten.

Die Vorbereitung und Durchführung von Festen und Feiern als wichtiger Teil des Schullebens.

Wenn möglich jahrgangsübergreifende Gruppierungen zu bestimmten Anlässen bilden, um das Miteinander und Helfen zu betonen.

Die Integration behinderter Kinder, Frühenglisch ab dem vierten Schuljahr, Elternmitarbeit, automatische Versetzungen, Lernen an außerschulischen Orten usw. sind nicht nur Forderungen Petersens, sondern Teil des Schullebens.

Helfen nach dem Jenaplan

Helferdienste sind wertvolle Hilfsmittel gegenseitiger Erziehung.

Ältere und jüngere Schüler sitzen in einer Tischgruppe zusammen.

Leistungsgute und -schwache Schüler arbeiten zusammen, z.B.

a) in Rechtschreibung (Partnerdiktat)

b) in Lesen (Abhören, Vorlesen)

c) in Rechnen (Rechenspiel, Rechenkarten, Kontrolle).

Helferdienste geben dem Schüler Gelegenheit, sich in seiner Leistung zu beweisen.

Helferdienste zeigen dem Lehrer Wesenszüge der Schüler, die sonst nicht zum Tragen kommen.

Helferdienste bringen beiden Seiten (Hilfesuchenden und Helfern) Vorteile auf sozialem und stofflichem Gebiet, vor allem durch Wiederholung und logisches Durchdenken beim Erklären.

Helfen muß geübt sein (Beachten von Spielregeln, Rücksichtnahme, Geduld, gute Umgangsformen und guter Umgangston).

Helferdienste entlasten den Lehrer und geben ihm mehr Zeit, sich leistungsschwachen Kindern zu widmen.

Helfen bestärkt Kinder als Helfer in ihrem Eigenwert. Helfen: „Ich werde gebraucht".

Helfen betont gegenüber den Wissensleistungen den wichtigsten sozialen Aspekt des Teilens. Wenn ich helfe, teile ich mit dem anderen (meine Zeit, mein Wissen).

Die Unterrichtsorganisation

Morgenkreis

Der Morgenkreis am Montag ist fester Bestandteil des Wochenplanes. Hier versammeln sich jeweils die Schüler/innen einer Stufe. Er leitet harmonisch in die Woche ein und gibt Gelegenheit zu Darbietungen, Bewegung und Information. Lieder, Spiele, Tänze, Sketche, Quiz, Wettspiele usw. sind Bestandteile, die in der Freien Arbeit, seltener im Kern- oder Fachunterricht vorbereitet werden.

So sind die meisten Beiträge aus dem musischen Bereich, Ergebnisse der freien Kreativität haben sogar therapeutische Wirkung. „Lernzielkontrolle" ist die Darbietung im Morgenkreis.

Die Gelegenheit, vor einer großen Gruppe etwas vorzutragen, ist eine wichtige Möglichkeit der Entfaltung und der Überwindung von Hemmungen und gleichzeitig ein Bestandteil der Vorbereitungen von Festen und Feiern der Schulgemeinde. Von der Einschulungsfeier über Advents- und Weihnachtsfeier, Fasching, Sommerfest bis zur Entlassungsfeier gibt es im Jahreskreis viele Möglichkeiten der Gestaltung. Vielerlei Leistungen werden gefordert und erbracht. Im musischen, praktischen und organisatorischen Bereich öffnen sie zugleich den Blick für die Vielfalt der Leistungen (s. auch Freiarbeit).

Die Darbietungen sind also nicht nur eine Hilfe für die Personen und keine Therapie, aber sie haben für viele therapeutischen Charakter. Sie sind aber ebenso Darstellung der Ergebnisse von Arbeit. So ist der Morgenkreis Teil der freien Arbeit. Die Arbeit im Bereich freie Arbeit ist für die Kinder im musischen Bereich auch immer mit der Darstellung der Arbeit im Morgenkreis verbunden. Dies gehört zum Verständnis des freien Arbeitens wie zum Selbstverständnis von eigener Art dazu, ob nun das Ergebnis eine Tanzdarbietung, ein Klamaukstück oder ein Gedicht ist. Der Wert aller Arbeiten wird anerkannt.

Kernunterricht

Für den Kernunterricht steht in der Stammgruppe etwa die Hälfte der Unterrichtszeit zur Verfügung. Ein Grundsatz unserer Arbeit lautet: So viel Kern wie möglich, so viel Kurs wie nötig!

Die Fächer Deutsch, Erdkunde, Geschichte, Sozialkunde und Biologie/Physik sind zusammengefaßt und werden in fächerübergreifenden Themen erarbeitet. Diese Themen, z.B.

„Unser Wald, „Aus der Ritterzeit", „Land am Meer", „Unsere Gemeinde" werden in etwa sechs Wochen erarbeitet. Es ist ein anderes Arbeiten als nach Fächern. Die Schüler/-innen beschäftigen sich täglich und intensiv mit einer Thematik (etwa die Hälfte der Arbeitszeit und mehr).

Es ist viel Zeit, sich aus verschiedener Sicht mit einem Sachverhalt zu befassen, selbst Schwerpunkte zu setzen und selbständig zu bearbeiten. Das ergibt Möglichkeiten für Projektarbeit. Dabei können nicht nur Interessen geweckt und gefördert, sondern auch Spezialwissen und Detailkenntnisse in Kleingruppen erarbeitet werden. Sicher geht es immer auch um Stoffaneignung, aber das Miteinanderlernen, der Weg zum Stoff, die Arbeitseinteilung, die Auswahl und die Vertiefung und die eigenen Möglichkeiten und Interessen sind gleichwertig. Auch zur Vorbereitung von Festen und Feiern wird Kernunterricht eingesetzt. Es lohnt sich für die ganze Schulgemeinde.

Innere Differenzierung im Kernunterricht

Der Kernunterricht ist der Schnittpunkt allen Arbeitens und – wie der Name sagt – hier findet Wesentliches statt.

Die Kinder arbeiten, lernen, spielen, leben in jahrgangsübergreifenden Gruppen. Dies wurde nach den Ideen Peter Petersens bewußt so eingerichtet (siehe auch „Helfen als Prinzip").

Erarbeitung in Gruppen

Doch wie wird dies in der Praxis gestaltet?

Nun, durch die fächerübergreifende Thematik gehen die Schüler und Schülerinnen selbständig an den Stoff heran. Sie erstellen Berichte zur Thematik, erkunden, befragen, experimentieren usw. Da zum Wissenserwerb auch bestimmte Techniken notwendig sind, werden diese im Kern mit dem Lehrer gemeinsam erarbeitet. Beispiel: Zum Thema Alpen fertigen Kinder Berichte über Tourismus, Almwirtschaft usw. an. Da es in der Gruppe auch „Anfanger" gibt, die noch nicht intensiv mit Landkarten gearbeitet haben, wird die Lehrkraft eine Einführung mit diesen zum Kartenverständnis einplanen, während die „Erfahrenen" in Gruppen an ihrer Thematik weiterarbeiten.

Bei der Gruppenarbeit ist eine Leistungsdifferenzierung nicht notwendig, jeder trägt nach seinem Vermögen dazu bei.

Auswertung im Berichtskreis

Bei der Auswertung, die im Berichtskreis stattfindet, erkennt man, daß hier das Interesse am Stoff entsprechende Leistungen bringt. Im Gespräch bzw. der Diskussion werden weitere Beiträge nach eigener Erkenntnis geliefert, die Leistungen sind unabhängig vom Alter. Die Leistungspalette ist gerade bei der offenen Form der Arbeit und Darbietung vielfältig und verstärkend. Das Lernen erfolgt ebenso durch das breite Angebot der Möglichkeiten für alle Kinder in ihrer eigenen Weise. Da lange Zeit an einem Thema gearbeitet wird, ergeben sich viele Möglichkeiten des Zugangs, so können Schüler/-innen beim Bau eines Kranes und selbständigem Messen zu Erkenntnissen kommen, andere wieder beim Erstellen eines Urlaubsprojektes für ihren Heimatort. Darüber erstellen sie Berichte, zeigen es anderen, stellen vor, beantworten Fragen. Die Differenzierung erfolgt nach Neigung. Fähigkeiten werden entdeckt, erprobt, gefestigt.

Vertiefung im Kleinkreis

Kognitiv schwierige Sachverhalte werden im Kleinkreis besprochen und durch weitere Angebote, Impulse, Hinweise, Materialien, Anleitungen, die eigene Vertiefung bzw. Erkundung angeregt. Gerade im Kleinkreis können nach Interessen die Kenntnisse der Schüler/-innen eingebracht, verknüpft und Erkenntnisse zur weiteren Beschäftigung erlangt werden. Ergebnisse von Arbeiten an Themen werden ausgestellt oder ausgehängt (große Pinnwand), Grundkenntnisse zu Themen werden in gemeinsamen Texten oder in Frage- und Antwort-Blättern als Basiswissen gesammelt. So ist dann nach mehreren Wochen die Mappe zum Thema ein wichtiger Nachweis der Arbeit. Sie wird mit jedem Schüler/jeder Schülerin besprochen und entsprechend verbessert oder ergänzt.

Das Curriculum – Besonderheiten

Zur fächerübergreifenden Arbeit

Wir haben im Kernunterricht bewußt die Fächer Deutsch, Erdkunde, Sozialkunde, Geschichte, Biologie und Physik zusammengefaßt, um möglichst viel Zeit für eine Thematik zu haben. Die Gruppe arbeitet an Themen, die diese Fächer im Laufe des Jahres entdecken.

Möglicher Jahresplan: Herbst (Biologie)
Wie Menschen zusammen leben (Sozialkunde)
Die Alpen (Erdkunde)
Aus der Ritterzeit (Geschichte)
Märchen, Sagen, Geschichten (Deutsch)
Ein Haus wird gebaut (Physik)

Die Themen werden in einem Zeitraum von ca. sechs Wochen erarbeitet. Die Schüler/-innen besprechen am Anfang des Jahres den Jahresplan und bringen ihre Wünsche ein. Da jedes Thema einmal in drei Jahren erscheint, beginnt die Wiederholung nach diesem Zeitraum. Dabei ändert sich die Themenfolge auch durch aktuelle Ergebnisse, z.B. Olympiaden, jedoch sollen alle Fachgebiete im Laufe des Jahres abgedeckt werden. Da niemals ein Thema nur einen „Fachbereich" beinhaltet, sondern nur einen Schwerpunkt der Arbeit hat, gibt es immer wieder Verbindungen in den Fächern. Die grundsätzliche Sicht der Kinder und die nötige Zeit zur Erarbeitung der verschiedenen Aspekte einer Thematik lassen ein vertiefendes Lernen entwickeln. Die Arbeit wird in Berichten niedergeschrieben. Diese Berichte werden im Kreis vorgetragen, besprochen, ergänzt und dann in einer Mappe gesammelt. Die Mappe wird mit Bildern, Fotos, Zeichnungen, Tabellen usw. ergänzt bzw. ausgestaltet. So wird die Mappe zum Nachweis der Arbeit. Die Kinder erhalten auf die Mappe einen Kurzbericht mit Hinweisen, welche positiven Bereiche die Mappe zeigt und wo Verbesserungen erfolgen können. Dies wird mit den Schülern/-innen besprochen und dient später als Grundlage für die Benotung.

Nehmen wir aber einmal eine jahrgangsübergreifende Stammgruppe (hier 1.–3. Schuljahr).

Jeder Schulanfänger kommt in eine Stammgruppe, in der bereits zwei Drittel ältere bzw. erfahrenere Kinder sind. Diese haben schon mit dem Lehrer/der Lehrerin in einer Schultradition gearbeitet. Sie kennen sich nicht nur im Gruppenraum und der Schule aus, sie können schon eine Menge Grundfertigkeiten und stehen als potentielle Helfer/-innen bereit. Die Gruppe ist verantwortlich für die Neuankömmlinge. Nicht die/der Lehrerin/Lehrer weiß alleine, wie es weitergeht, was zu machen ist, nein, die älteren Kinder sind die ersten Ansprechpartner in der Gruppe.

So wendet sich nicht eine Klasse nach vorn zur Lehrkraft, sondern die Gruppe, die älteren werden zuerst gefragt, sind mitverantwortlich für die Neuankömmlinge.

Jeder Anfänger rückt aber im nächsten Jahr durch die Neuankömmlinge in die Situation der Erfahrenen und kann selbst wieder helfen. Soziales Lernen geschieht in Situationen und im Leben in der Gruppe. Es wird nicht aus Büchern gelernt, sondern erwächst aus dem Schulleben.

Auch später die Schüler des 6. Schuljahres sind in ihrer Gruppe so etwas wie die Meister. Sie helfen beim Lernen und lernen dabei gleichzeitig. Es ist eine alte Erfahrung, daß das eigentliche Lernen oft dann geschieht, wenn man selbst etwas erklären muß, einen anderen belehrt oder mit ihm helfen lernt. Auch der Erfahrene in einer solchen Stammgruppe, der mit einem Anfänger arbeitet, lernt mehr, als wir mit unseren Beobachtungen eigentlich erfassen können. Es ist eine Grundeinstellung, die er gewinnt. Im nächsten Jahr ist er nämlich wieder Anfänger in der nächsten Stufe, die auch aus drei Jahrgängen gebildet ist. So ist das starre Prinzip einer Rangordnung im Klassenverband durchbrochen. Auch der „Primus" des 3. bzw. 6. Schuljahres kommt wieder in die Rolle des Anfängers, wenn er im 7. Schuljahr mit älteren Schülern zusammenarbeitet.

Der Rechenkurs

Der Rechenkurs ist ähnlich einem Programm aufgebaut. Es gibt Erklärungskarten, Anleitungen, Übungen Kontrollbögen.

Dazu sind auf einem „Rechenwagen" Hilfsmittel greifbar: Maße und Gewichte, Stoppuhr, Lösungsbücher, Rechenspiele und Rechenkästen mit Sofortkontrolle.

Individuell können die Schüler nach ihren Fähigkeiten, ihrer Geschwindigkeit und Arbeitshaltung voranschreiten. Manche brauchen den Lehrer selten, andere in jeder Stunde. Individuell oder in kleinen Gruppen werden Probleme angesprochen; dort wird Hilfe gegeben, wo sie gebraucht wird. Dazu hat der Lehrer/die Lehrerin dann Zeit und kann sich auf das Kind einstellen.

Nicht auf Vorrat wurde erklärt, nicht für manche, die es schon können, sondern dort, wo Hilfe gebraucht wird. Deshalb können die Kinder auch selbständig ihre Arbeit kontrollieren, Sofortkontrolle ist möglich. Der Lehrer/die Lehrerin kontrollieren auch, notieren den jeweiligen Stand, aber sind in erster Linie Helfer/in, Berater/in, ermuntern und erklären, weisen auf Schwierigkeiten hin und helfen, Probleme zu lösen.

Da zum Kurs parallel Hausaufgaben aus dem Buch zu erarbeiten sind, kennen sie auch von dort die Schwierigkeiten und Fehler und erarbeiten sie mit den Kindern. Hilfe wird individuell und dort erteilt, wo sie gerade gebraucht wird.

Rechenarbeiten werden an bestimmten Stellen im Kurs geschrieben. Auch diese Kontrolle muß sein, aber erst wenn sich der Schüler oder die Schülerin sicher fühlt. Die Arbeiten werden benotet, und es sind wie überall mindestens drei im Halbjahr zu schreiben. Für gute Rechner ist das kein Problem, langsamere erhalten manchmal Zwischenarbeiten. So wird dann auch der Leistungsstand im Zeugnis festgehalten: z. B. *Frank, 5. Schuljahr,* arbeitet bereits am Stoff

Anfang des 6. Schuljahres, Note 2.

Zeugnis: Note 2*

Oder *Sylvia,* am Ende des 5. Schuljahres erst bis zur Mitte des Kurses gekommen, Note 3.

---

* Die Note bezieht sich auf den Stoff Anfang 6. Schuljahr. Die Leistung wird besonders anerkannt.

Zeugnis: Note 3*

So können auch Leistungsschwankungen ausgeglichen werden. Der Rhythmus der Kinder führt nicht zum Versagen. Denn auch bei Fehlzeiten arbeiten die Kinder dort weiter, wo sie im Kurs aufhörten.

Freiarbeit

Freiarbeit ist ein Weg zur Selbständigkeit, ein erweiterter Weg zum Lernen, ein Weg zu einer anderen Schule. Hier können die Schüler/-innen selbst wählen, was sie gestalten wollen, was sie lernen. Das reicht vom Sketch bis zur Arbeit im Computerprogramm, von der Raumgestaltung bis zur Englischlektion per Rekorder mit Kopfhörern. Aber die freie Arbeit ist eine Arbeit, die den Rhythmus mehr beachtet bzw. diesen aus Kurs und Kern ergänzt.

Sie kann für manche Kinder therapeutisch sein, doch immer bleiben ihre Inhalte Teil des Schullebens. Das eine Kind ergänzt für sich etwas am Stoff, gleicht Mängel aus; das andere arbeitet in Partnerschaft oder einer Gruppe, es stellt mit anderen etwas dar, es tut etwas für die Gruppe, die Schule oder – bei der Vorbereitung einer Schulfeier – für die Schulgemeinde. Auch Freiarbeit muß gelernt sein. Sie muß Schritt für Schritt eingeführt werden. Gut, wenn eine Schule vom Schulbeginn an eine Tradition aufbaut. Wenn es selbstverständlich ist, eigene Interessen und Gruppeninteressen in der Freiarbeit zu gestalten, dann hat das Wort Vertrauen eine Bedeutung, und menschliche Werte entfalten sich anders. Dabei helfen in besonderer Weise altersgemischte Gruppen, da ältere Kinder mehr Erfahrung im Gruppenleben und den Arbeitsformen einbringen können: Helfer und Mitgestalter.

Die Arbeitsform wächst mit der Entwicklung der Verantwortung. Dieser „Freiraum" muß im System verankert und der Gruppe bewußt sein. Erziehung zur Verantwortung muß konsequent entwickelt und zur Selbst- und Mitverantwortung führen.

---

* Die Note bezieht sich auf den Stoff Mitte 5. Schuljahr.

Diese Tradition schafft Freiräume, erzieht zur Selbständigkeit, und dadurch ist auch die Frage von Aufsicht und Kontrolle eine andere.

Kontrolle ist gut und muß sein, doch begründetes Vertrauen ist besser!

Literatur

Th. Dietrich: Die Pädagogik Petersens, Bad Heilbrunn, 1986, 4. Aufl.

P. Petersen: Der Kleine Jena-Plan, Weinheim und Basel, 1980, 56.–60. Aufl.

P. Petersen: Führungslehre des Unterrichts, Braunschweig, 1959, 6. Aufl.

P. Petersen: Der Große Jena-Plan

Bd. 1: Schulleben und Unterricht einer freien allgemeinen Volksschule, 1930

Bd. 2: Das gestaltende Schaffen, 1930

Bd. 3: Die Praxis der Schulen nach dem Jena-Plan, 1934

Schulpädagogische Markierungen (Leseresumees)

Eine ganz normale Regelschule und doch eine besondere Schule! In der vereinigten Grund- und Hauptschule sind wesentliche Jenaplan-Elemente zu finden.

- Da ist konsequent das *Stammgruppenprinzip* mit altersheterogenen Lerngruppen (Klassen) realisiert. Bei den weiteren Schulporträts wird dieses noch einmal auftauchen. In der reformpädagogischen Diskussion ist dieses immer wieder realisiert worden, auch wenn das Jahrgangsklassenprinzip überaus dominant ist.
- Interessant ist die Auflistung der vielen Elemente des Jenaplans, die in die Regelschule übernehmbar wären. Der Leitgedanke der *„humanen Schule"* ist die Steuerungsidee.
- Der *Helfergedanke*, manchmal auch unter den Stichworten Schüler helfen Schülern, Schüler als Tutoren zu finden, ist im Grunde für jede Schule eine Chance, die Lernarbeit zu intensivieren. Wer lehrt, lernt am meisten! Wer einem anderen etwas erklärt, erläutert, muß es beherrschen. So wären

Situationen, in denen man mit dem Gelernten umgehen muß, häufig einzurichten, um das Lernen produktiver zu gestalten.

- *Der Wochenplan* in der Jenaplan-Schule organisiert die Woche viel differenzierter als der Stundenplan, der die Fächer in 45-Minuten-Einheiten mit wechselnden Lehrer/-innen aneinanderreiht. Man kann in dem anschaulichen Porträt gut verfolgen, wie sich die einzelne Woche vom *Morgenkreis* am Montag über den *Kernunterricht* (fächerübergreifende Themen!), *Leistungskurs* und *Kleinkreis* (Vertiefungen/Klärungen kognitiv schwieriger Sachverhalte) zur *Freiarbeit* hin entwickelt.
- Die Schule ist überschaubar und sichert damit die notwendige *Intimität* der täglichen Lernarbeit.

Der *Gesamteindruck* ist, daß hier eine Schule realisiert wird, die in dem einen oder anderen Element an die wenig gegliederte Landschule erinnert, deren gute Charakteristika durch eine bestimmte Variante schulpädagogische Konzepte gut überlegt sichert. Es sind ja nicht unbedingt die großen Schulen, die gute Schularbeit sichern!

Integrierte Gesamtschulen

Integrierte Gesamtschulen sind hier relativ ausführlich dargestellt, weil sie für den Sekundarbereich in vielen Einzelaspekten und in ihrer Gesamtkonzeption eine gewisse „Federführung" bei der Weiterentwicklung von Schulen in Richtung gute Schule haben.

Hier werden die IGS „Franzsches Feld" in Braunschweig, die Bischöfliche Maria-Montessori-Schule in Krefeld, die Friedensschule Münster und die Laborschule Bielefeld vorgestellt.

- Am Beispiel der *IGS „Franzsches Feld"* wird sehr anschaulich, wie sich eine Gruppe von Lehrer/-innen 1989 aufgemacht hat, um eine neue Schule zu gestalten. Die Chance des Neuanfangs ist konsequent genutzt worden. Herausragende Merkmale sind mit den Begriffen Teamschule, Schule als Ort sozialen Lernens, fächerübergreifendes Lernen, differenzierte Schulstruktur und -kultur zu fassen.

- Am Beispiel der *Bischöflichen Maria-Montessori-Gesamtschule* ist zu lernen, wie die Idee der Gesamtschule sich mit einem bestimmten pädagogischen Konzept (Montessori-Pädagogik) und der Orientierung am (katholischen) Glauben verbindet und damit eine ganz eigenartige (im positiven Sinne gemeint) Konfiguration in bezug auf Ethos, Klima, Geist der Schule findet. Da mitunter die Idee der Gesamtschule negativ besetzt wird, ist das Beispiel besonders wichtig. Die Orientierung am Kind und an damit verbundenen pädagogischen Ideen schafft eine Schule eigener Prägung.
- Am Beispiel der *Friedensschule Münster* wird auf eine zweite Weise anschaulich, wie eine gute Schule aus dem Glauben heraus gestaltet aussehen kann und wie dabei eminent schulpädagogische Probleme (Verbesserung individueller Schullaufbahnen, Optimierung des Förderns und Forderns, Verstärkung der Sozialbeziehungen) gelöst werden. Schule wird immer dann interessant, wenn man sieht, wie ein integratives Konzept Einzelmaßnahmen „verortet", ihnen Sinn und Zusammenhang gibt.
- Am Beispiel der *Laborschule Bielefeld* – sie versteht sich als Gesamtschule besonderer Prägung – kann noch deutlicher als am Beispiel der Maria-Montessori-Gesamtschule in Krefeld aufgezeigt werden, wie die Lebens- und Lernwege von Kindern und Jugendlichen aus „einem Stück" über viele Schuljahre hinweg aus einem Gesamtkonzept heraus gestaltet werden können. Da ist die Grundschule gar nicht mehr gesondert zu denken. Die Bielefelder Eingangsstufe (dreijährig für die Kinder vom 5.–7. Lebensjahr) praktiziert das sogenannte family-grouping. Sie bildet also altersgemischte Gruppen und schließt damit besonders konsequent an vorschulische Erfahrungen an. Die Ausdifferenzierung der elfjährigen Schule – eine ebenfalls originell (im guten Sinne des Wortes) gestaltete gymnasiale Oberstufe schließt daran an – folgt einem Vier-Stufen-Gedanken mit je eigenen

Schwerpunkten. Es ist keine Frage, daß auf solche Weise mögliche Bildungswege eigentlich die Zukunftsperspektive repräsentieren.

Die integrierte Gesamtschule Franzsches Feld in Braunschweig
von Michael Linke und Wilhelm Pieper

Äußere Daten

Die IGS Franzsches Feld wurde von der Stadt Braunschweig 1989 gegründet, weil mehr als zehn Jahre lang die Anmeldungen zu einer bereits bestehenden integrierten Gesamtschule die vorhandene Kapazität bei weitem übertrafen. Die neue Schule wurde am östlichen Rand der Innenstadt in einem unter Denkmalschutz stehenden Gebäudekomplex untergebracht, der 1937/38 im Zuge der nationalsozialistischen Aufrüstung als Luftflottenkommando errichtet worden ist. Hier befinden sich neben der Schule weiterhin Dienststellen der Wehrverwaltung. Die IGS Franzsches Feld wird vierzügig geführt, d.h. mit vier Parallelklassen pro Jahrgang, sie befindet sich gegenwärtig am Ende der Aufbauphase. 1994 umfaßt sie die Schuljahrgänge 5–10, in der Schule lernen dann 648 Schülerinnen und Schüler in 24 Klassen mit je 27 Kindern oder Jugendlichen. Am Ende des 10. Schuljahrganges kann die Schule alle Abschlüsse vergeben, die das gegliederte Schulsystem am Ende der Sekundarstufe I vergeben kann. Die Nachfrage übertrifft das Platzangebot bei weitem. Für die 108 Plätze in einem neuen 5. Jahrgang gehen jährlich über 200 Anmeldungen ein. Die Aufnahmeentscheidung erfolgt über ein differenziertes Losverfahren.

Die Schule wird von Montag bis Freitag als Ganztagsschule geführt. An vier Tagen gestaltet sie zwischen 7.45 und 15.45 Uhr Unterrichts-, Übungs- und Freizeitangebote. Freitags endet der Schultag mit dem Mittagessen.

Seit mehreren Jahren entwickelt sich eine Kooperation mit einer Sonderschule. Kinder, die nach Einschätzung dieser

Schule den sonderpädagogischen Schonraum verlassen können, werden bevorzugt aufgenommen, wenn ein freier Platz zur Verfügung steht.

Es ist wahrscheinlich, daß die IGS Franzsches Feld ab 1995 eine eigene gymnasiale Oberstufe aufbauen wird. Die Überlegungen gehen in Richtung auf eine Oberstufe mit verschiedenen Profilbildungen, die fachübergreifendes Lernen in thematischen Zusammenhängen mit Projektschwerpunkten erlauben.

Das pädagogische Konzept

Unsere Schüler/-innen unterscheiden sich. Sie sitzen aufgrund ihres Alters zwar in einer bestimmten Jahrgangsklasse, bezüglich ihres Leistungsvermögens und ihres Geschlechts haben wir sie aber bei der Aufnahme in unsere Schule bewußt gemischt.

Wir erfahren im täglichen Unterricht, daß sie sich außerdem hinsichtlich ihrer sozialen Herkunft, ihrer Reaktion auf Lerninhalte, ihrer Interessen und Neigungen und ihrer Arbeitsgeschwindigkeit mannigfaltig unterscheiden. Ebenso haben sie ganz unterschiedliche Abwechslungsbedürfnisse, motorische Bedürfnisse, soziale und Mitwirkungsbedürfnisse, auch unterschiedliche methodische und thematische Bedürfnisse.

Für unsere Schule als integrierte Gesamtschule ist diese Zusammenfassung ganz unterschiedlicher Kinder konstitutiv. Wir sehen in ihr eine pädagogische Bereicherung und eine sozialpolitische Notwendigkeit.

Wer es aber aufgegeben hat, Kinder wegen ihrer Unterschiedlichkeit auf wie viele verschiedene Schulformen auch immer zu verteilen und statt dessen den Anspruch entwickelt, eine Schule für alle Kinder zu machen, muß die Unterschiedlichkeit der Schüler/-innen innerhalb seines Schul- und Unterrichtskonzepts berücksichtigen:

Das Prinzip *Integration* muß mit dem Grundsatz der *Differenzierung* verbunden werden. Klaus *Schittko* (1984, S. 23) faßt unter diesem Begriff Bemühungen zusammen, „angesichts der unterschiedlichen Lernvoraussetzungen der Schüler und unterschiedlicher gesellschaftlicher Anforderungen durch eine Gruppierung nach bestimmten Kriterien und durch didaktische Maßnahmen den Unterricht so zu gestalten, daß die für das schulische Lernen gesetzten Ziele möglichst weitgehend erreicht werden können."

Der pädagogische Ansatz der integrierten Gesamtschule geht davon aus, daß Kinder in solchen leistungsheterogenen Gruppen auf Dauer günstigere und anregendere Entfaltungsmöglichkeiten für ihr Lern-, Leistungs-, Arbeits- und Sozialverhalten vorfinden als in entmischten, leistungshomogenen Gruppen.

Voraussetzung dafür sind eine pädagogische Gestaltung der Schule und der in ihr ablaufenden sozialen Prozesse.

Wir versuchen also, der Individualisierung und Differenzierung des Unterrichts näher zu kommen, um der zentralen pädagogischen Herausforderung einer begabungs- und neigungsgerechten Förderung aller Kinder gerecht zu werden.

Das Curriculum

Mit einer gemeinsamen Unterrichtsplanung für die vier Klassen eines Jahrgangs bemühen wir uns, das zusammenzuführen, was inhaltlich zusammengehört. Oft kommt es an Schulen vor, daß die einzelnen Fächer unkoordiniert nebeneinander herarbeiten. So erhalten die Schüler/-innen manchmal unterschiedliche Aspekte des gleichen Themas zu verschiedenen Zeiten in verschiedenen Fächern angeboten.

Um dies zu vermeiden, stimmen wir in einem detaillierten Jahresarbeitsplan die Unterrichtsthemen, Fragestellungen und Arbeitstechniken aufeinander so ab, daß ein möglichst zusammenhängender Lehrplan entsteht.

Zweimal im Jahr gehen wir über diesen Planungsansatz hinaus, indem wir zu einem wichtigen Thema *Vorhaben* durchführen. Dies sind Unterrichtsabschnitte, in denen mehrere Fächer über längere Zeit gemeinsam an einem Thema arbeiten. Jedes Fach trägt seinen Anteil zur Klärung des Themas bei, die Lehrer/-innen sprechen dazu ihre Unterrichtsplanungen miteinander ab. Damit soll erreicht werden, daß einerseits die Schüler/-innen von verschiedenen Seiten her Zugänge zu einem Lerngegenstand finden können und sich so einem Lernen in Zusammenhängen nähern und daß andererseits die zum Thema gehörenden Phänomene und Sachverhalte aus der Sicht verschiedener fachlicher Ansätze erhellt werden können. Einzelne Lerngruppen können in den Vorhaben besondere Schwerpunkte setzen.

Die Unterrichtsorganisation und das Schulleben
Im Rahmen der Entwicklung eines Gesamtkonzepts (vgl. *Bönsch*, 1990, S. 9ff und 1992, S. 61) treten neben den klassischen Lehrgangsunterricht Arbeitsformen, die ihnen erlauben, ihr Lernen zeitlich variabler, verfahrensmäßig dem eigenen Lerntypus angepaßter und in den Hilfen gezielter zu verwirklichen. Dabei bemühen wir uns, Kommunikation und Kooperation zwischen den Schüler/-innen zu verbessern und versuchen, Lernen handlungsorientiert und unter Einbeziehung außerschulischer Lernorte und Personen zu ermöglichen.

In diesem Sinne arbeiten wir unter Einsatz pädagogischer Phantasie gegen eine Verödung der Lernkultur und bemühen uns um die Schaffung eines entsprechenden Schulklimas/Schulethos und um den Aufbau einer *lernanreizfördernden Umgebung* (vgl. Michel Rutter 1980). An besonderen Strukturmerkmalen sind zu nennen

- Tutorensystem (jeweils eine Klasenlehrerin und ein Kassenlehrer betreuen eine Klasse) mit Tutorenstunden am Wochenanfang und am Wochenschluß,
- pädagogische Tages- und Wochenstruktur mit offenem Anfang
- Organisierung der Schule nach dem Jahrgangsprinzip: räumliche Zuordnung von Klassen- und Lehrerzimmern, ein Team von Lehrer/-innen betreut möglichst lange eine Klasse, jahrgangsübergreifender Lehrer/-inneneinsatz wird gering gehalten, es gibt wöchentliche Jahrgangsteamsitzungen mit organisatorischen und inhaltlichen Planungsabsprachen besonders zu fächerübergreifenden Unterrichtsabschnitten,

- Jahrgangsversammlungen zur Präsentation von Unterrichtsergebnissen oder als kleine Feierlichkeit,
- 3–5 Arbeits-, Übungs- und Freiarbeitsstunden, in deren Rahmen auch Förderunterricht stattfinden kann,
- Einrichtung von Wahlpflichtunterricht,
- förderungsorientierte Formen äußerer Fachleistungsdifferenzierung,
- Durchführung eines fächerübergreifenden Vorhabens in jedem Halbjahr,
- Ersetzung der Notenzeugnisse durch ausführliche Lernentwicklungsberichte (Tutor/-innenbriefe und Fachberichte).

Am Anfang des Tages kommen nun vor allem die Fächer zum Zuge, in denen in Einzellektionen im besonderen Maße aufbauend gelernt wird, z.B. Englisch und Mathematik. Daneben liegen hier aber auch Deutschstunden, der Unterricht im integrierten Fach Gesellschaftslehre (Geschichte, Erdkunde, Sozialkunde) sowie Arbeits- und Übungsstunden. Wir gehen davon aus, daß zu Beginn des Tages der Lerneffekt besonders intensiv sein kann und haben deshalb die beiden Anfangsstunden von 45 auf 30 Minuten gekürzt.

Bei dieser zeitlichen Konzentration gehen wir von der alten, aber selten berücksichtigten Erkenntnis der Lernpsychologie aus, daß Kinder sich auf ein Problem oder eine eingeengte Fragestellung selten länger als 20 Minuten konzentrieren können, wenn in voller Intensität gearbeitet wird. Wir hoffen, daß *zwei 30-minütige Lektionen* am frühen Morgen ein geeignetes Mittel sind, um in wichtigen Fächern Lernkontinuität und Lernfortschritt zu erreichen. Damit in den Fächern auch genügend Zeit für Übungsphasen bleibt, sind pro Fach maximal zwei Lektionenstunden vorgesehen.

Nach den beiden Lektionenstunden folgt eine *viertelstündige Pause*, die vor allem Gelegenheit gibt, das Frühstücksbrot zu essen. Denn viele Kinder kommen morgens in die Schule, ohne etwas gegessen zu haben.

Nun folgt die *3. und 4. Stunde als Doppelstunde* von 90 Minuten. Hier liegen im Stundenplan vor allem die Fächer wie Arbeit-Wirtschaft-Technik oder das integrierte Fach Naturwissenschaft, in denen längere Arbeitszusammenhänge etwa beim Experimentieren oder handwerklichen Arbeiten besonders notwendig sind.

Um 10.30 Uhr folgt dann eine wirklich *große Pause von 30 Minuten*, in der auch Gelegenheit zum Spielen besteht. Auf dem Schulhof werden Spielgeräte ausgegeben.

Danach wird dann in der *5. und 6. Stunde* unterrichtet. Denkbar sind hier zwei Einzelstunden, aber auch eine weitere Doppelstunde bis zur Mittagspause.

Die Mittagspause haben wir aus verschiedenen Gründen verlängert, und zwar auf 105 Minuten. Wir nehmen hier zum einen die Erkenntnis ernst, daß die Pausen im Laufe des Tages länger werden müssen, um der zunehmenden Ermüdung der Schülerinnen und Schüler zu begegnen. In den Pausen, und ganz besonders in der Mittagspause, soll ein vielfältiges und offenes Angebot an Spielen und Freizeitmöglichkeiten gestaltet werden. Unsere Zielsetzung geht dabei in Richtung Selbstorganisation und Selbstverwaltung der Schüler und Schülerinnen für bestimmte Bereiche und Angebote. Wichtig ist, daß in allen Pausen zwischen Zonen der Ruhe und Muße und Zonen mit Lärm und Aktivitäten geschieden wird. Es muß auch Rückzugsmöglichkeiten geben.

An drei Tagen der Wochen folgt nach der Mittagspause dann noch der zweistündige Nachmittagsunterricht von 14.15–15.45 Uhr. Dieser Unterricht soll in besonderem Maß übenden bzw. handlungsorientierten Charakter haben. Er muß sich der besonderen Lernsituation am Nachmittag anpassen.

Außerhalb der eigentlichen Schulzeit finden etwa halbjährliche Schülerfeste statt, einmal jährlich gibt es ein Schulfest sowie für Eltern- und Lehrkräfte ein Tanzfest.

Exkursionen und Fahrten spielen im Verlaufe des Schuljahres eine große Rolle. Jede Klasse unternimmt in jedem Jahr eine gemeinsame Fahrt. Das sind zum einen Wanderfahrten oder Schullandheimaufenthalte, zum anderen aber auch seminarartige Veranstaltungen auf Jahrgangsebene. So nehmen die 5. Jahrgänge regelmäßig an einem Seminar des Internationalen

Hauses Sonnenberg teil, das den Titel trägt „Natur mit allen Sinnen erleben".

Im Rahmen von fächerübergreifenden Unterrichtsvorhaben, beim Projektlernen, aber auch im Rahmen des herkömmlichen Lehrgangsunterrichts wird der Lernort Schule regelmäßig verlassen. Die Zahl der außerschulischen Lernorte ist groß.

Der Schulalltag wird mitgeprägt durch die schwierigen räumlichen Bedingungen. Das Gebäude ist als militärische Kommandobehörde entworfen und gebaut worden, nicht als Schule. Für notwendige Umbauten zu einer Teamschule mit Jahrgangsbereichen, für die Einrichtung moderner Fachräume etc. gibt es vorgegebene Grenzen, zudem stehen nur begrenzte Mittel zur Verfügung. So ist die tägliche Arbeit seit Jahren durch Improvisationen gekennzeichnet. Ein wesentliches Plus liegt im städtebaulichen Umfeld der Schule am Rande eines Landschaftsparkes. Unsere Außenanlagen überschreiten die Größe eines üblichen Schulhofes bei weitem, sie lassen in den Pausen viele Bewegungs- und Spielmöglichkeiten zu. In der langen Mittagspause werden zudem sogenannte Außenstationen in die offenen Angebote mit einbezogen: u.a. eine Rollschuhbahn, eine Drachenflugwiese, eine Rodelbahn, ein Wochenmarkt.

Hinsichtlich der Tages- und Wochenstruktur haben wir uns von verschiedenen Überlegungen leiten lassen.

An drei Tagen der Woche, am Montag, am Mittwoch und am Donnerstag finden vormittags und nachmittags für alle verpflichtende Unterrichts- und Übungsveranstaltungen statt. Der Dienstagnachmittag ist für ein vielfältiges Angebot an Arbeitsgemeinschaften vorgesehen. Hier können die Schülerinnen und Schüler halbjährlich oder jährlich über eine Teilnahme frei entscheiden. Wenn sie sich allerdings für eine Arbeitsgemeinschaft entschieden haben, sind sie für den gewählten Zeitraum zur Mitarbeit verpflichtet. Am Freitagnachmittag findet kein Unterricht statt. Zu dieser Zeit tagt wöchentlich das Jahrgangsteam der Lehrerinnen und Lehrer, um den Unterricht der kommenden Wochen abzusprechen und gemeinsam vorzubereiten. Zur Wochenstruktur gehören noch weitere Elemente, mit denen wir teilweise an Vorstellungen des Reformpädagogen Peter Petersen anknüpfen. Jede Klasse wird von einer Lehrerin und einem Lehrer in gemeinsamer Verantwortung und in enger Absprache betreut. In den Jahrgängen 5 und 6 bestreiten diese beiden Tutoren auch den Hauptteil des Unterrichts in ihrer Klasse, um eine stabile, auf genauer gegenseitiger Kenntnis beruhende Lehrer-Schüler-Beziehung anzustreben *(Tutorenmodell)*.

Diese beiden Tutoren eröffnen und beschließen die Woche mit je einer Verfügungsstunde. Am *Montagmorgen* bespricht einer der beiden Tutoren mit der Klasse die Arbeit der kommenden Woche, es geht dabei um Schwerpunkte der Unterrichtsarbeit, um organisatorische Abweichungen vom normalen Stundenplan (z.B. Exkursionen, Epochenunterricht), um individuelle Arbeitsaufträge, die während der Woche erledigt werden sollen. Es geht auch um die Auswahl des Mittagessens, den Tischdienst, um alle Ämter und Verantwortlichkeiten innerhalb der Klasse.

Am Freitag in der letzten Unterrichtsstunde beenden beide Tutoren gemeinsam mit ihrer Klasse die Arbeitswoche. Es wird eine kleine Bilanz gezogen, im *Sitzkreis des Klassenrates* werden Probleme der einzelnen in und mit der Gruppe besprochen, es wird nach Lösungsmöglichkeiten gesucht. In den oberen Jahrgängen haben sich die Klassenratsstunden als Rahmen für die Erörterung aktueller politischer Fragen erweitert.

Diese Verfügungsstunden können nach Absprache innerhalb des Jahrgangs auch zu *Jahrgangsversammlungen* genutzt werden. Diese dienen dann der Erörterung gemeinsamer wichtiger Fragen ebenso wie der schulöffentlichen Präsentation einzelner unterrichtlicher Arbeitsergebnisse (z.B. freie Texte, Spielszenen, Lieder, Gedichte, Bilder etc.). Zu bestimmten Anlässen werden die Jahrgangsversammlungen auch zeitlich ausgeweitet und als Fest gestaltet. Neben der Wochenstruktur spielt die Gliederung des einzelnen Tages in unseren Überlegungen eine wichtige Rolle.

Es geht dabei um die schwierige Balance zwischen regelmäßigen Strukturen, die in ihrer täglichen Wiederkehr Halt und Sicherheit geben, und der immer wieder notwendigen Spontaneität und Flexibilität in der Unterrichtsorganisation.

Wir beginnen jeden Tag um 7.25 Uhr mit einem *offenen Anfang*.

Vor Beginn des eigentlichen Unterrichts können die Schülerinnen und Schüler bereits ihre Klassenräume aufsuchen. Sie können hier miteinander reden, ihre Arbeitsmaterialien ordnen, Aufgaben erledigen, sich mit Problemen an den Tutor bzw. die Tutorin wenden, von denen abwechselnd morgens immer einer anwesend ist. Zu dieser Zeit lassen sich weiterhin viele kleine Dinge erledigen, die für die Klasse wichtig sind, aber nicht in den Unterricht gehören (z. B. Essensmeldung überprüfen, Blumen gießen, Fische im Aquarium füttern etc.).

Danach, um *7.40 Uhr, beginnt der eigentliche Unterricht* und damit die Anwesenheitspflicht für alle Schülerinnen und Schüler.

Leistungsfeststellung und -beurteilung

Wie an den anderen integrierten Gesamtschulen Niedersachsens auch erhalten die Schülerinnen und Schüler an der IGS Franzsches Feld in den Jahrgängen 5–8 keine Notenzeugnisse, sondern Lernentwicklungsberichte (LEB).

LEB werden bei uns halbjährlich ausgegeben. Sie sollen das Vertrauen der Schülerinnen und Schüler in die eigene Leistungsfähigkeit stärken und sie ermutigen. Sie bilden eine Beratungsgrundlage für Gespräche mit Eltern und Kindern. Ein LEB enthält den Bericht der Tutorin und des Tutors, den Bericht der Schülerin/des Schülers, fachliche Rückmeldebögen zu allen Unterrichtsfächern, zu den fächerübergreifenden Vorhaben und zur Arbeitsgemeinschaft.

Die Tutoren bemühen sich in ihrem Bericht in Briefform um möglichst ausführliche Beschreibungen zum Sozial-, Arbeits- und Lernverhalten der Schülerinnen und Schüler. Dazu gehören beispielsweise Gesichtspunkte wie die Ausfüllung der übernommenen Ämter in der Klasse oder in der Schule, die Kooperationsfähigkeit in den Tischgruppen oder die Organisierung des Arbeitsmaterials und auch ihre Bewährung in

Bezug auf Lernangebote. Wir versuchen dabei, Kritik mit Vorschlägen zur Veränderung zu verbinden.

Die Schülerinnen und Schüler erhalten Gelegenheit, den Verlauf des Schulhalbjahres zu reflektieren und den Tutorenbericht zu kommentieren. Dazu werden sie im Unterricht angeleitet. Die Stellungnahme wird als Bericht der Schülerin bzw. des Schülers Bestandteil des Lernentwicklungsberichts.

Auf den fachlichen Rückmeldebögen finden sich die Unterrichtsthemen des Halbjahres. Ihnen zugeordnet sind eine Reihe von Lernleistungsbeschreibungen, von denen die zutreffenden von den Fachlehrer/-innen angekreuzt werden. So liegen zu jedem Unterrichtsthema eine Reihe von Rückmeldungen vor. Schließlich enthält ein fachlicher LEB noch Raum für Empfehlungen und Hinweise.

Für die Vorhaben erhalten die Schülerinnen und Schüler einen LEB ohne Lernleistungsbeschreibung. Es werden lediglich pädagogische Absicht des fächerübergreifenden Unterrichts und der Inhalt des Vorhabens erklärt. Auch gibt es Raum, Rückmeldungen in freier Form unterzubringen.

Der LEB zu den Arbeitsgemeinschaften enthält ebenfalls keine vorgegebene Lernleistungsbeschreibung. Wir bemühen uns hier, unsere Rückmeldungen in freier Form möglichst kreativ zu gestalten.

Wir wünschen uns, daß Leistungsfeststellung und -beurteilung in dieser Form zu einer angstfreien Lernatmosphäre beitragen. Wir meinen, daß wir einen Weg gefunden haben, auf dem wir der fördernden Begleitung der intellektuellen und sozialen Entwicklung der Kinder besser gerecht werden können als mit Notenzeugnissen.

Solche werden erst im 9. und 10. Jahrgang zur Ergänzung der Lernentwicklungsberichte erteilt.

Besonderheiten

Die Schulverfassung ist durch eine besondere Ordnung geprägt, die neben einer kollegialen Schulleitung erweiterte Mitbestimmungsrechte für Schüler bzw. Schülerinnen und Eltern vorsieht.

Kollegiale Leitung beinhaltet die Chance zur Leitung in einem Team. Die kollegiale Schulleitung besteht aus drei Lehrkräften, einer Lehrerin und zwei Lehrern. Ihre Aufgabenverteilung wird teilweise durch das Schulgesetz vorgegeben, sie beruht darüber hinaus auf einer selbstgegebenen Geschäftsordnung. Ungeachtet deutlicher vom Gesetz vorgegebener hierarchischer Strukturelemente bildet die Schulleitung ein Kollegialorgan, in dem die Leitungsfunktionen auf mehrere Schultern verteilt werden, und zwar in der Absicht, für die einzelnen Mitglieder der Leitung Tätigkeitsbereiche zu schaffen, innerhalb derer sie eigenverantwortlich handeln. Gleichzeitig erfordert das Prinzip der Kollegialität, daß dieses eigenverantwortliche Handeln in Teilbereichen des Leitungsspektrums nicht isoliert von den anderen Mitgliedern der Leitung geschieht. Kollegialität erfordert einen permanenten Informations- und Abstimmungsprozeß, die Suche nach einem Konsens, so daß alle wesentlichen Entscheidungen der einzelnen von den anderen Leitungsmitgliedern mitgetragen werden können. Eine derartige Arbeitsweise ist nicht leicht zu realisieren. Gelingt sie, so entwickelt sich über kooperatives Handeln ein Leitungsmodell, das demokratisches Selbstverständnis mit Verantwortlichkeit und Effektivität zusammenführt.

Die *Mitbestimmungsrechte für Eltern und Schüler bzw. Schülerinnen* werden wesentlich weiter gefaßt, als das an Schulen sonst üblich ist.

Das wichtigste Entscheidungsorgan der Schule ist die Gesamtkonferenz, sie fällt Entscheidungen in allen Grundsatzangelegenheiten. In der Gesamtkonferenz haben neben dem Kollegium ein Elternvertreter sowie ein Schülervertreter jeder Klasse volles Stimmrecht.

Zahlenmäßig bedeutet das mit Blick auf die Sekundarstufe I, daß beide Gruppen je 24 Vertreter und Vertreterinnen in der Gesamtkonferenz stellen und gemeinsam einen Stimmanteil von mehr als 40 % in der Gesamtkonferenz halten. Darüber hinaus nehmen je drei Eltern- und drei Schülervertreter volles Stimmrecht in den Klassenkonferenzen wahr, und zwar in allen Angelegenheiten, also auch zu Beschlüssen über Zeugnisse, Übergänge, Abschlüsse.

Hinweise auf „verwandte" Schulen
Die Helene-Lange-Schule in Wiesbaden sowie die IGS Göttingen-Geismar haben der IGS Franzsches Feld besondere Anregungen vermittelt. Das betrifft das Grundkonzept als Teamschule sowie unser Bemühen um fachübergreifendes Lernen in thematischen Vorhaben.

Kollegium
Das Kollegium besteht gegenwärtig aus 28 Lehrerinnen und 26 Lehrern, einer pädagogischen Mitarbeiterin im Ganztagsbereich (Erzieherin), einem Schulassistenten, einer Sekretärin, einem Hausmeister sowie stundenweise beschäftigten Reinigungs- und Küchenkräften. Von den 54 Lehrkräften arbeiten 39 auf einer vollen Stelle, 15 mit reduzierter Stundenzahl bzw. mit stundenweiser Abordnung von anderen Schulen. Jede Lehrkraft gehört zu einem Jahrgangsteam und unterrichtet möglichst weitgehend und kontinuierlich in einem Schuljahrgang. Jahrgangsübergreifender Lehrereinsatz läßt sich in bestimmten Fächern nicht ganz vermeiden, er soll jedoch soweit wie möglich zurückgedrängt bleiben. Den Kern eines Jahrgangsteams bilden 4 Lehrerinnen und 4 Lehrer, die jeweils als Tutor und Tutorin gemeinsam eine Klasse pädagogisch verantwortlich betreuen. Ein Einsatz als reine Fachlehrkraft wird als Ausnahme angesehen.

Hinsichtlich der Lehrämter stellen die Lehrerinnen und Lehrer, die eine Ausbildung für das Lehramt an Grund- und Hauptschulen absolviert haben, mit 48 % die größte Gruppe, gefolgt von Lehrkraften, die eine Ausbildung für das Gymnasium erhalten haben mit 35 %. 12 % des Kollegiums haben eine Ausbildung als Realschullehrer bzw. -lehrerin erhalten. Alle Lehrkräfte haben sich aus freien Stücken an die Schule beworben; da auch hier das Interesse größer ist als der Bedarf, mußten sie zum Teil mehrjährige Wartezeiten in Kauf nehmen. Das Durchschnittsalter des Kollegiums liegt bei etwa 44 Jahren.

Literatur
M. Bönsch: Schüler aktivieren. Hilfen für die alltägliche Unterrichtsgestaltung. Hannover 1993[3]
M. Bönsch: Was ist eine gute Schule? – Ein Literaturbericht – In: Niedersächsisches Kultusministerium (Hrsg.): Schulverwaltungsblatt 2/92, S. 59–63
A. Garn / B. Hahne / B. Hauck / M. Linke / A. Meisner / W. Pieper: Förderungsorientierte Formen äußerer Differenzierung. In: Pädagogik 9/93, S. 43–47
M. Linke: Unterwegs zu einer Schule für alle Kinder. Angebotslernen im Schulkonzept der Integrierten Gesamtschule Franzsches Feld. In: Nauck, Joachim (Hrsg.): Offener Unterricht – Ziele, Praxis, Wirkungen. Braunschweig 1993, S. 131–153
W. Pieper: Die IGS Franzsches Feld in Braunschweig als Beispiel für die Arbeit einer neugegründeten vierzügigen integrierten Gesamtschule. In: Gewerkschaft Erziehung und Wissenschaft, Landesverband Niedersachsen (Hrsg.): Erziehung und Wissenschaft 5/93, S. 12–14. In: Arbeitsgruppe Schuljahrbuch (Hrsg.): In jedem von uns steckt ein Ausländer. Jahrbuch 1991–1993 der IGS Franzsches Feld. Braunschweig 1993, S. 5–9
M. Rutter: Fünfzehntausend Stunden. Schulen und ihre Wirkung auf die Kinder. Weinheim 1980
K. Schittko: Differenzierung in Schule und Unterricht. Ziele – Konzepte – Beispiele. München 1984
Wilhelm Pieper und Michael Linke sind Mitglieder der Kollegialen Leitung der IGS Franzsches Feld, Braunschweig.

Schulpädagogische Markierungen (Leseresumees)

Wenn man das vorstehende Schulporträt aufmerksam gelesen hat, ergeben sich folgende markante Merkmale/Leseresumees:
- Die Schule ist als *überschaubare Schule* organisiert. Große Anonymität schaffende Schulfabriken haben sich für die sozialen Beziehungen als negativ herausgestellt.
- Die Schule ist eine *Ganztagsschule* (an vier Tagen sind die Schüler/-innen von 7.45–15.45 in der Schule).

- Die Schule bemüht sich um eine *Integration* der sogenannten (lern-)behinderten Schüler/-innen.
- Die *Unterschiedlichkeit der Schüler/-innen* wird als positiv/konstitutiv angesehen. Die Prinzipien der Integration und der Differenzierung sind demzufolge besonders wichtig für die Gestaltung der Schule.
- *Vorhaben* führen zweimal im Jahr zur fachübergreifenden Schularbeit.
- *Lernanreizfördernde Maßnahmen* in vielfältiger Form und unter dem besonderen Aspekt des sozialen Lernens kennzeichnen die Unterrichtsorganisation (Tages- und Wochenstruktur).
- Das *Schulleben* mit Festen, Exkursionen, Fahrten und Schullandheimaufenthalten spielt eine große Rolle.
- *Lernentwicklungsberichte* auf der Grundlage eines erweiterten Leistungsbegriffs und der Beteiligung der Schüler/-innen (Rückmeldung, Kommentierung, Stellungnahme) sollen einen Beitrag zu einer angstfreien Lernatmosphäre leisten.
- Die *Schulverfassung* ist deutlich auf Kollegialität und Mitbestimmung aller Beteiligten ausgelegt.

Der *Gesamteindruck* ist: hier hat sich eine Gruppe von Lehrer/-innen aufgemacht, in gemeinsamer Arbeit die Arbeit am Menschen und mit ihm in den Vordergrund zu stellen, um dann die Lernarbeit unter günstigeren Bedingungen realisieren zu können. Die Aufnahme reformpädagogischer Ideen ist in beeindruckender Fülle gelungen. Da müßte man sich als Schüler/-in wohlfühlen und optimal gefördert fühlen können.

Bischöfliche Maria-Montessori-Gesamtschule in Krefeld von Peter Ortling

Äußere Daten

Die Schule ist Teil eines Montessori-Zentrums, zu dem ein Kindergarten, eine Grundschule und eine integrierte Gesamtschule mit gymnasialer Oberstufe gehören. Die Grundschule umfaßt die Jahrgänge 1–4 und die Gesamtschule die Jahrgänge

5–13. Nach der Klasse 10 wird der Hauptschulabschluß und die Fachoberschulreife vergeben und nach dem 13. Schuljahr das Abitur. Alle Abschlüsse und die ausgestellten Zeugnisse sind staatlich anerkannt. Grundschule und Gesamtschule sind staatlich anerkannte Ersatzschulen und werden vom Bistum Aachen getragen. Sie arbeiten als Halbtagsschulen. Kinderhaus, Grundschule und Gesamtschule nehmen auch körperbehinderte Kinder auf, die gemeinsam mit den nichtbehinderten Kindern gefördert und unterrichtet werden.

Das pädagogische Konzept

Das pädagogische Konzept der Schule orientiert sich an den Grundgedanken der Montessori-Pädagogik. Maria Montessori, die von 1870–1952 lebte, war eine italienische Ärztin, die ihre Pädagogik aus der geduldigen Beobachtung von Kindern entwickelte. Ihr Schlüsselerlebnis war die tiefe Konzentration eines kleinen Mädchens, das sie in ihrem ersten „Kinderhaus" im römischen Stadtteil San Lorenzo beobachtet hatte. Dieses Mädchen war so vertieft in seine Tätigkeit, daß es sich nicht stören ließ. Es wiederholte die Tätigkeit so oft, bis sein Interesse gestillt war. Montessori spürte, daß die beobachtete Konzentration für die Entwicklung und Reifung des Kindes sehr wichtig ist. Deshalb erforschte sie die Bedingungen, unter denen die Konzentration wiederholbar wird. Folgende Faktoren stellte sie heraus:

- Die Freiheit des Kindes muß respektiert werden. Das Kind wählt selbst, was es tut, mit wem es zusammenarbeitet und wie lange es tätig ist. Es gilt aber die Regel, daß eine angefangene Arbeit fertiggestellt werden muß, und daß die Mitschüler/-innen nicht gestört werden dürfen.
- Das Kind will aktiv lernen mit Kopf und Hand entsprechend der Ganzheit seiner Persönlichkeit. Der Erwachsene soll nur so viel helfen, daß das Kind allein weiterarbeiten kann („Hilf mir, es selbst zu tun").
- Um selbständig arbeiten zu können, muß die Umgebung entsprechend vorbereitet werden. Montessori ließ Tische und Stühle nach dem Maß der Kinder fertigen und entwik-

kelte Lernmaterialien, mit denen Kinder sich selbständig auch abstrakte Sachverhalte erarbeiten können. Ziel aller pädagogischen Bemühungen ist die „Hilfe für die menschliche Person, ihre Unabhängigkeit zu erobern". Maria Montessori war geprägt von einem großen Respekt vor der Würde und Einmaligkeit jedes Kindes. Sie mißtraute der Belehrung durch Worte und versuchte statt dessen, indirekte Anstöße zu geben, indem sie Situationen von höchst verpflichtendem Charakter schuf: So werden z.B. die Kinder zu Rücksichtnahme und gegenseitiger Hilfe angeregt dadurch, daß die Lernmaterialien in der Regel nur einmal vorhanden sind und daß in Kindergarten und Grundschule Kinder verschiedenen Alters gemeinsam lernen. Auch die Integration körperbehinderter Schüler stellt eine solche Herausforderung dar. Maria Montessori setzte großes Vertrauen in die eigenen Kräfte des Kindes. Dieses Vertrauen war begründet in ihrem christlichen Glauben an Gott den Schöpfer. Dieser Glaube prägt auch die Arbeit der Krefelder Schule.

Das Curriculum

Der Unterricht der Schule richtet sich nach den offiziellen Lehrplänen für Gesamtschulen im Lande Nordrhein-Westfalen. Eine Besonderheit ist der Bereich „Handwerk", in dem alle Schülerinnen und Schüler in der 8. Klasse Grundkenntnisse im Umgang mit Metall, Textil, Holz und Ton erwerben. Diese Arbeit kann in der 9. und 10. Klasse im Wahlpflichtbereich II fortgesetzt werden.

Die Unterrichtsorganisation

Die Unterrichtsorganisation kennt neben dem Fachunterricht die „Freiarbeit", die der Schüler selbst gestaltet. Er wahlt aus, was er arbeiten will, ob er die Arbeit allein oder zusammen mit Klassenkameraden erstellen will und wie lange er sich mit dem gewählten Gegenstand befassen will. In der vorbereiteten Umgebung des Klassenraumes findet er in offenen Regalen viele Anregungen. Betreut wird er bei der „Freiarbeit" von seinem Klassenlehrer. Diese Unterrichtsform umfaßt in den Klassen 5 und 6 acht Wochenstunden und in den Klassen 7 und 8 sechs Wochenstunden. In den Klassen 9 und 10 wird das Anliegen der „Freiarbeit“ fortgeführt durch den wöchentlichen Projekttag. Hier verbinden sich theoretisches und praktisches Lernen mit den Interessenschwerpunkten der Schüler. Das gemeinsam erstellte Projekt fördert die Zusammenarbeit und stärkt die Gemeinschaft der Klasse.

Zweimal während der Schulzeit absolvieren die Schülerinnen und Schüler ein dreiwöchiges Praktikum: In der 9. Klasse ein Betriebspraktikum und in der 11. Klasse ein Sozialpraktikum.

Das Schulleben

Das Schulleben wird geprägt durch das gemeinsame Lernen von körperbehinderten und nicht behinderten Schüler/-innen. Die Gestaltung des Schulgebäudes und die Durchführung der Klassenfahrten in den Jahrgängen 6, 10 und 13 nehmen auf die Belange der behinderten Mitschüler/-innen Rücksicht. Der religiösen Orientierung dienen Besinnungstage in den Klassen 9 und 12 sowie der wöchentliche Schulgottesdienst. Zur Tradition geworden sind einige Feiern im Laufe des Schuljahres: das Martinsfest mit gemeinsamem Fackelzug von Kindergarten, Grundschule und Gesamtschule, das Adventssingen mit Bazar für die Missionsaktion der Schule, die Karnevalsfeier und die Wanderung mit ökumenischem Gottesdienst zum Abschluß des Schuljahres. – Für Menschen in Not haben Schüler, Eltern und Lehrer schon mehrfach Hilfsaktionen durchgeführt, die beachtliche Ergebnisse erbrachten.

Leistungsfeststellung und -beurteilung

Die Leistungsbewertung erfolgt in der vom Ministerium vorgeschriebenen Form. Wir bemühen uns darum, bei Eltern und Schülern die Einsicht zu festigen, daß Zensuren keine „Bewertung“ darstellen, sondern eine Information über den Lernprozeß sind. Die Freiarbeit und Projektarbeit wird nicht benotet, sondern mit einer freien Formulierung im Zeugnis gewürdigt.

Besonderheiten
An weiteren Besonderheiten der Schule sind noch zu nennen: die jährliche „Woche des Buches" mit Buchausstellung, Autorenlesungen und Vorlesewettbewerb; Kunstausstellungen, bei denen Schüler/-innen und Lehrer/-innen ihre Arbeiten vorstellen; Theateraufführungen und Konzerte. Über die vielfältigen Aktivitäten in der Schule informieren die „Montessori-Mitteilungen", die dreimal im Jahr erscheinen. Es bestehen Partnerschaften und Schüleraustausch mit Schulen in Frankreich, Irland und den USA.

Hinweise auf verwandte Schulen
Inzwischen gibt es eine große Zahl von Kinderhäusern und Grundschulen, die nach der Montessori-Pädagogik arbeiten. Geringer ist die Zahl der Montessorischulen im Sekundarbereich, allerdings gibt es hier einige Schulen mit Montessori-Zweig. Ein Verzeichnis aller Montessori-Einrichtungen ist erhältlich bei der „Aktionsgemeinschaft Deutscher Montessori-Vereine", Rochusstr. 145, 50827 Köln.

Kollegium
Die Lehrer/-innen, die sich alle bewußt für diese Schule entschieden haben, verfügen über eine pädagogische Ausbildung mit beiden Staatsexamina. Zusätzlich haben sie das Montessori-Diplom oder das Zertifikat für die Montessori-Pädagogik in der Sekundarstufe erworben. Aufgrund der Integration körperbehinderter Schüler gehören zum Kollegium auch Sonderschullehrer/-innen, Sozialpädagogen, Zivildienstleistende und Praktikanten.

Elternarbeit
Da die Schule eine Angebotsschule ist und deshalb über keinen festen Schulbezirk verfügt, haben die Eltern diese Schule bewußt für ihre Kinder gewählt. Dieses Interesse zeigt sich auch bei der Mitarbeit der Eltern in der Schule, und zwar in den Mitwirkungsgremien (Klassenpflegschaft, Schulpflegschaft, Schulkonferenz und Fachkonferenzen) und in zusätzlichen Ak-

tivitäten. So hat eine größere Gruppe von Müttern es übernommen, den Schüler/-innen ein gesundes Pausenfrühstück auf Vollwertbasis anzubieten. Als Gesprächskreis über Möglichkeiten der Integration hat sich der Initiativkreis von Eltern körperbehinderter Schüler/-innen gebildet. Eltern engagieren sich tatkräftig bei der Vorbereitung und Durchführung von Schulfeiern und Festen.

Die Schule legt großen Wert darauf, auftretende Erziehungsschwierigkeiten gemeinsam mit den Eltern zu lösen. Jedes Jahr wird für die neuen Eltern ein Seminar „Montessori für Eltern" angeboten.

Schulgeld

Es wird kein Schulgeld erhoben.

Aufgenommen werden Jungen und Mädchen, deren Eltern die Zielsetzung der Schule bejahen. Entsprechend der kirchlichen Prägung der Schule wird erwartet, daß die Schüler/-innen getauft sind und am Religionsunterricht und Schulgottesdienst teilnehmen. Es wird katholischer und evangelischer Religionsunterricht erteilt, weil Schüler beider Konfessionen die Schule besuchen.

Schulpädagogische Markierungen (Leseresumees)

Anders und auch wieder ähnlich stellen sich die zentralen Merkmale dieser Schule dar.

- Die Schule ist Teil eines *Montessori-Zentrums*. Das pädagogische Konzept ist auf eine spezifische Pädagogik ausgerichtet, die zwei Grundlagen folgt: der Montessori-Pädagogik und dem katholischen Glauben. Die Ganzheitlichkeit des Ansatzes „durchtränkt" den Alltag in seinen atmosphärischen und sozialen Gegebenheiten.
- Die *Integration* körperbehinderter Schüler/-innen ist eine, so kann man sagen, logische Konsequenz.
- *Handwerk* (Grundkenntnisse im Umgang mit Metall, Textil, Holz und Ton) vervollständigt die kognitiven und sozialen Aspekte des Lernens.
- *Freiarbeit* fördert in einer vorbereiteten Umgebung die

Selbstverantwortlichkeit der Schüler/-innen mit wöchentlich 6–8 Unterrichtsstunden in den Schuljahren 5–8.

- *Projektarbeit* wird in den Schuljahren 9/10 *wöchentlich* durchgeführt! Sie verbindet theoretisches und praktisches Lernen. Jeder Schüler/jede Schülerin absolviert zwei *Praktika.*
- Das *Schulleben* ist einmal von der *religiösen Orientierung* der Schule her bestimmt, zum anderen von geselligen, sozialen (Hilfsaktionen) und musischen Intentionen.
- *Elternarbeit* spielt in dieser Schule eine große Rolle in vielfältigen Formen.

Der *Gesamteindruck* ist: Wenn sich eine Schule religiöser Grundorientierung und einer spezifischen Pädagogik verpflichtet fühlt, ist die Chance, daß Ethos, Geist, Klima und Atmosphäre eine besondere „Färbung" erfahren, groß. Dann ordnen sich alle Detailelemente in solch einen Glaubens- und Handlungsrahmen ein. Die Ganzheitlichkeit der Pädagogik hat damit eine besondere Chance.

Friedensschule Integrierte und differenzierte Gesamtschule mit gymnasialer Oberstufe in Münster
von Magnus Westermann

Äußere Daten und das Kollegium

Die Friedensschule in Münster ist eine integrierte und differenzierte Gesamtschule in Ganztagsform für die Sekundarstufe I mit gymnasialer Oberstufe für Jungen und Mädchen der Jahrgänge 5 bis 13. Sie umfaßt im 5. bis 10. Jahrgang je 6 Kerngruppen (Klassen); die in das Schulsystem integrierte gymnasiale Oberstufe ist vier- bis fünfzügig. An der Schule können der Hauptschulabschluß, die Fachoberschulreife und die Hochschulreife erworben werden.

Die Schule wird als Ganztagsschule in 5-Tage-Woche geführt. Die tägliche Schulzeit dauert von morgen 8.15 Uhr bis nachmittags 16.00 Uhr; an einem Nachmittag in der Woche und am Samstag finden keine schulischen Veranstaltungen für die Schüler statt.

Insgesamt besuchen etwa 1350 Schülerinnen und Schüler die Friedensschule. Sie werden von etwa 100 Lehrerinnen und Lehrern unterrichtet. Zum Kollegium gehören neben Lehrerinnen und Lehrern aller Schulformen auch ein katholischer und ein evangelischer Schulseelsorger, ein Sozialarbeiter, eine Sozialpädagogin, ein Schulpsychologe und eine Bibliothekarin. Die pädagogische Arbeit wird von acht Verwaltungskräften, drei davon sind Hausmeister, unterstützt.

Das Schulgebäude liegt am Rande der Stadt Münster in der Nähe des Aasees. Es ist in den Jahren 1969–1972 gebaut worden. Besonders interessante räumliche Angebote sind eine Mediothek, die weit über die Bundesrepublik hinaus Anregungen für neu geplante Mediotheken gab, umfangreich ausgestattete naturwissenschaftliche Räume, ein Technikbereich, gut geplante Sportanlagen im Außenbereich, eine Dreifachturnhalle, eine Schwimmhalle, Stufentreffpunkte für alle Jahrgangsstufen und zwei Seelsorgezentren der Schule, die Oase und die Arche.

Das pädagogische Konzept, das Curriculum und die Unterrichtsorganisation

Die Friedensschule belegt besonders deutlich einen heute wichtigen Aspekt kirchlicher Schulpolitik: Mit eigenen Schulen zeigen Katholiken und Kirche in exemplarischer und konkreter Weise, was sie in den unterschiedlichen Schulformen – also auch in Gesamtschulen – unter einer guten Schule verstehen. Dabei entspricht es dem Selbstverständnis katholischer Schulen, daß es wichtiger ist, richtig zu handeln, als etwas Unterschiedliches gegenüber dem öffentlichen Schulwesen zu tun. Die Abweichung an sich ist kein Ideal und verfehlt leicht den besonderen Auftrag der katholischen Schule, ein Stück „Kirche in der Welt von heute" zu sein. So kann und soll nicht der Anspruch erhoben werden, daß die Friedensschule sich bereits im Reformansatz grundsätzlich von den allgemein vertretenen Überlegungen zu Gesamtschulversuchen unterscheidet. Andererseits ist nicht zu verkennen, daß sich die Friedensschule vom allgemeinen Gesamtschulwesen abhebt durch

Zurückhaltung gegenüber jeglicher Reformeuphorie. So wurde z.B. die Größe der Schule mit Blick auf den Erziehungsauftrag begrenzt, Großgruppenunterricht wurde abgelehnt, in besonders häufiger Umstufung von Schülern wurde eher ein Mißerfolg als ein Beweis des Funktionierens einer Gesamtschule gesehen; bei der Schüleraufnahme wurde das Ziel verfolgt, gleiche Begabungsmischungen wie im Einzugsbereich der Schule zu erlangen; die Schullaufbahnen mußten für Eltern und Schüler überschaubar und die Abschlüsse denen des gegliederten Schulwesens gleichwertig sein; in der Jahrgangsstufe 8 werden die Kerngruppen nach bisher gezeigter Begabung und erbrachter Leistung neu zusammengestellt.

Die Friedensschule als Gesamtschule ersetzt die Bildungsgänge der drei Schulformen des gegliederten Systems durch individuelle Schullaufbahnen der einzelnen Schülerinnen und Schüler. Sie integriert Hauptschule, Realschule und Gymnasium in einer Schulform. Beim Übergang der Schülerinnen und Schüler in die Sekundarstufe I des gegliederten Schulsystems entscheiden sich die Eltern für einen bestimmten Bildungsgang, der durch die spezifische Struktur der jeweiligen Schulform vorgegeben ist. Die Friedensschule erspart es den Eltern, über die Schullaufbahn ihrer Kinder schon bei Beginn des 5. Schuljahres punktuell und relativ endgültig entscheiden zu müssen. Sie will die Entscheidung über die Schullaufbahn eines Schülers revidierbar halten und in Entscheidungsketten über die gesamte Sekundarstufe I hinweg für jeden Schüler individuell finden. Dabei wird dem Elternrecht eine große Bedeutung beigemessen. Größere Offenheit der Schullaufbahnen wird durch das Differenzierungsmodell gewahrt. Dabei können Schullaufbahnen über lange Zeit hin korrigiert werden, ohne daß die Schule gewechselt werden muß. Korrekturen sind also im eigenen Schulsystem möglich.

Die Offenheit der Schullaufbahnen ist an eine spezifische Unterrichtsorganisation gebunden. Einerseits muß der Unterricht möglichst lange in heterogen zusammengesetzten Gruppen erteilt werden, um die individuellen Schullaufbahnen korrigierbar zu halten. Andererseits müssen Leistungsschwächen und -stärken von Schülern in einem System homogener Leistungskurse berücksichtigt werden, wenn die individuelle Förderung der Schüler dieses erfordert. Weiterhin wird mit einem differenzierten Wahlpflichtangebot den Schülern die Möglichkeit zu einer individuellen Schwerpunktbildung gegeben. Bei der Wahl unterschiedlicher Fächer können die Schüler ihre Neigungen und speziellen Begabungen besonders einbringen.

Der Unterricht an der Friedensschule wird deshalb im Kernunterricht mit leistungsheterogenen Schülergruppen, im leistungsdifferenzierten Unterricht in Niveaugruppen und im Wahlpflichtunterricht in Neigungsgruppen erteilt. Das jeweilige Ausmaß von integriertem und differenziertem Unterricht und der Inhalt der Wahlpflichtangebote bestimmen entscheidend die Schullaufbahnentwicklung der Schüler und damit die Eigenprägung einer Gesamtschule.

Als integrierte und differenzierte Gesamtschule hat die Friedensschule in ihrem System des Kern- und Kursunterrichts, der Förder- und Ausgleichsmaßnahmen, der Leistungs- und Wahldifferenzierung und der Bildung von Neigungsgruppen vielfältige Möglichkeiten wahrgenommen, den Schülern individuell angemessene Lernangebote zu machen und damit der Chancengerechtigkeit der Bildung aller Schüler näher zu kommen. Bei der Abwägung der jeweiligen Anteile von Integration und Differenzierung wird keines der beiden Prinzipien einseitig betont. Hier gilt an der Friedensschule der Grundsatz: So viel Integration wie möglich, so viel Differenzierung wie nötig.

Im Jahrgang 5 wird der Unterricht zunächst im Kerngruppenverband heterogener Schülergruppen erteilt. In Fortsetzung der pädagogischen Arbeit der Grundschule dient dieser Unterricht vor allem dem Ziel, die im einzelnen Schüler angelegten Begabungen zu erkennen und zu entfalten und seine Lerninteressen anzuregen. Die Aufgabe des Lehrers besteht zudem darin, die unterschiedlichen Lernvoraussetzungen der Schüler zu erkennen und sie im Rahmen ihrer Möglichkeiten differenziert zu fördern. Dieser Unterricht mit „innerer Differenzierung" setzt sehr sorgfältig vorbereitete Unterrichtsplanung, erprobte unterschiedliche Unterrichtsmaterialien und einen häufigen Methodenwechsel sowie Gruppenunterricht voraus.

Das pädagogische Problem des Unterrichts in der Jahrgangsstufe 5/6 besteht darin, daß der integrierte Unterricht im heterogenen Kernverband, in dem alle Begabungsstärken vertreten sind, deutlich Grenzen der Methode der inneren Differenzierung aufzeigt. Innere Differenzierung muß ergänzt werden durch Fördermaßnahmen für schwächere Schüler und durch gezielte Lernangebote für lernstärkere. Hilfen werden dadurch geleistet, daß lernschwache Schüler in zusätzlichen kleinen und deshalb besonders förderlichen Gruppen zusammengefaßt werden und/oder daß lernstarke Schüler in zusätzlichen Gruppen zusammengefaßt werden, was die Arbeitsmöglichkeiten der verbleibenden Normalgruppen durch deren Verkleinerung ebenfalls fördert. In den Fächern Englisch und Mathematik ist eine solche intensive Förderung erforderlich, weil in diesen Fächern ab dem 6. Jahrgang eine Leistungsdifferenzierung in zwei Niveau-Gruppen durchgeführt wird – Kurse mit grundlegenden Anforderungen (G-Kurse) und Kurse mit erweiterten Anforderungen (E-Kurse). Eine intensive Förderung im Fach Deutsch erfolgt, weil in der Jahrgangsstufe 7/8 diese Leistungsdifferenzierung auch im Fach Deutsch durchgeführt wird. Im 7. Jahrgang werden die leistungsstärkeren Schülerinnen und Schüler der G-Kurse in Mathematik und in Englisch durch gezielte Fördermaßnahmen so unterstützt, daß sie den Anschluß an den E-Kurs im 8. Jahrgang erreichen können. Der Unterricht wird in beiden Niveaus so aufeinander abgestimmt, daß der Übergang von einem G-Kurs in einen E-Kurs möglich sein kann (G-Kurs = Grundkurs, E-Kurs = Erweiterungskurs).

Zu Beginn des 8. Jahrgangs werden – anders als an öffentlichen Gesamtschulen in NW – die Schülerinnen und Schüler in neuen Kerngruppen zusammengefaßt, um sie aufgrund ihrer bisherigen Schullaufbahnentwicklung unterschiedlich fordern und weiter fördern zu können. Die Schülerinnen und Schüler, die stabile Lernergebnisse im E-Kurs der drei leistungsdifferenzierten Fächer Deutsch, Englisch und Mathematik erreicht haben, werden im 8. Jahrgang in der Regel in drei Kerngruppen zusammengefaßt. Den leistungsdifferenzierten Unterricht erhält ein Großteil der Schüler dadurch ebenfalls im Kerngruppenverband. Eine organisatorische Regelung erlaubt es, den schwächeren Schülern unter ihnen im 8. Jahrgang eine zusätzliche Unterrichtsstunde in Englisch, im 9. Jahrgang in Mathematik und im 10. Jahrgang in Deutsch zu erteilen. Die Schülerinnen und Schüler, die in den Fächern des leistungsdifferenzierten Unterrichts unterschiedliche Leistungskurse oder nur G-Kurse besuchen und bei denen die bisherige Schullaufbahn im Hinblick auf die Schulabschlüsse noch nicht endgültig ist, werden in den anderen drei Kerngruppen zusammengefaßt. Für diese Kerngruppen wird in den leistungsdifferenzierten Fächern Deutsch, Englisch und Mathematik vom 8. Jahrgang, für Chemie vom 9. Jahrgang und für Physik vom 10. Jahrgang an ein zusätzlicher Lehrer zur Verfügung gestellt. Durch diese Maßnahmen werden die Lerngruppen in diesen Fächern kleiner, die Schüler können deshalb angemessener gefördert und gefordert werden. Da der genannte leistungsdifferenzierte Unterricht dieser Kerngruppen parallel erteilt wird, erhält jede Schülerin und jeder Schüler die Gelegenheit, in einem E-Kurs oder in einem G-Kurs am Unterricht teilzunehmen. Die Durchlässigkeit der Schullaufbahnen im Hinblick auf gewünschte Abschlüsse ist dadurch verbessert; alle Schulabschlüsse sind erreichbar. Zugleich können Überforderung und Entmutigung vermieden werden. Um in diesen neu zusammengesetzten Kerngruppen die Sozialbeziehungen zwischen den Schülern und zwischen Lehrern und Schülern zu verstärken und zu stabilisieren, werden auch diese Kerngruppen so zusammengefaßt, daß ein Teil des leistungsdifferenzierten Unterrichts im Kernverband erteilt werden kann.

Die Neuzusammensetzung der Gruppen Anfang 8 hat also ein dreifaches Ziel:

- verbesserte Möglichkeiten, die Schullaufbahn im Hinblick auf die Abschlüsse zu korrigieren,
- Verbesserung der methodischen Möglichkeiten des Förderns und Forderns im Unterricht,

- Erhöhung der Stabilität der Lerngruppen und damit Verstärkung der Sozialbeziehungen.

Die Möglichkeit der individuellen Schwerpunktbildung und damit die Verstärkung der Profilbildung des einzelnen Schülers für seine spezielle Schullaufbahn ist eine wichtige Zielsetzung der Gesamtschule. Der Wahlpflichtbereich an der Friedensschule bietet eine weitere Möglichkeit für die Schülerinnen und Schüler, ihre individuellen Schwerpunkte selbst bestimmen zu können. Im Wahlpflichtbereich wählen deshalb die Schülerinnen und Schüler zwischen verschiedenen Fächern zwei zusätzliche Fächer zur eigenen Schwerpunktbildung. Die Schüler haben sich ab Beginn des 7. Schuljahres für ein Fach des Wahlpflichtbereiches I zu entscheiden, das vierstündig, im 9. und 10. Jahrgang dreistündig unterrichtet wird und dessen Wahl bis Ende des 10. Jahrgangs verpflichtet. Eine zweite Verstärkung des individuellen Schullaufbahnprofils wird ermöglicht durch die Wahl eines Angebotes im Wahlpflichtbereich II, das im 9. und 10. Jahrgang dreistündig, bei der Wahl einer zweiten und dritten Fremdsprache vierstündig unterrichtet wird.

Das Schulleben und Besonderheiten

Von Beginn an ist die Friedensschule als Ganztagsschule geplant und geführt worden. Der Ganztagsbereich der Schule ist ein fester Bestandteil ihrer pädagogischen Gesamtkonzeption, die darauf abzielt, eine schülergerechte Schule zu sein. Die Unterrichtsangebote und die zusätzlichen Ganztagsangebote wie z.B. Arbeitsgemeinschaften, Fördermaßnahmen und Übungsstunden sind miteinander verbunden und aufeinander abgestimmt. Alle Ganztagsangebote sind für alle Schüler der Sekundarstufe I verpflichtend; sie sind auf Vormittage wie Nachmittage verteilt. Wesentlich für die Friedensschule ist zudem das Miteinander in den Freizeitbereichen, das von den Schülern zum erheblichen Teil selbstgestaltet bzw. mitgestaltet wird.

Die Seelsorgezentren stehen zur Verfügung für Gruppengottesdienste, die fast täglich stattfinden, für Kurs- und Elterntreffs sowie für Spiel-, Gesprächs- und Arbeitsgruppen in der Mittagsfreizeit.

Darüber hinaus öffnet sich die Schule durch jährlich stattfindende Projektwochen, Berufspraktika und Wochen bzw. Tage religiöser Orientierung.

Hinweise auf verwandte Schulen

Die Friedensschule gehört zu den ersten sieben Gesamtschulen in Nordrhein-Westfalen, die im Rahmen des Experimentalprogrammes des Deutschen Bildungsrates 1969 ihre Arbeit aufnahmen. Den für die Friedensschule Verantwortlichen war es angesichts eines solchen Gesamtschulversuches von Anfang an wichtig, die Schule wissenschaftlich zu begleiten, um sie auf vielfältigen Gebieten zu unterstützen und um darüber zu wachen, ob um der Schüler willen Abwandlungen der jeweils pädagogischen organisatorischen Form angezeigt waren. Zu Beginn leitete eine schuleigene Forschungsgruppe diese Arbeit. In ihrer weiteren Aufbauphase wurde die Schule wie auch die anderen Versuchsschulen von den Gruppen zur wissenschaftlichen Begleitung des Schulversuches Gesamtschule in Nordrhein-Westfalen betreut. Seit 1979 wurde sie in ihrer Arbeit zusätzlich von der „Arbeitsstelle Schulbegleitung", einer Einrichtung des Bistums Münster für seine privaten Schulen, unterstützt. Die Ergebnisse und ihre Aktivitäten schlagen sich nieder in den im Verlag Regensberg veröffentlichten (bisher zehn) Bänden der Reihe „Die Friedensschule – Entwürfe, Materialien, Berichte zu einem Gesamtschulversuch", herausgegeben von Regenbrecht, Dikow und Alder. Besonders verwiesen sei auf den Band 10 „20 Jahre Friedensschule – Bilanz eines Schulversuchs" (1991).

Schulpädagogische Markierungen (Leseresumees)

Auch diese Schule, als Gesamt- und Ganztagsschule realisiert, ist eine katholische Schule. Sie will ein Stück ‚Kirche in der Welt von heute' sein.

- *Individuelle Schullaufbahnen* der Schüler/-innen bestimmen das Gestaltungsprinzip der Schule im Unterschied zu den vier Schulformen des gegliederten Schulsystems.
- Der Unterricht wird demzufolge möglichst lange *in heterogen zusammengesetzten Lerngruppen* erteilt, ergänzt von leistungsdifferenziertem Unterricht in Niveaugruppen und Wahlpflichtunterricht in Neigungsgruppen und Fördermaßnahmen für schwächere Schüler/-innen wie gezielten Lernangebote für lernstärkere Schüler/-innen. Das *Differenzierungssystem* ist hoch entwickelt.
- Das *Schulleben* ist durch die Ganztagsschule einerseits bestimmt, andererseits stehen Seelsorgerzentren (Oase und Arche) für Gruppengottesdienste, Kurs- und Elterntreffs sowie für Spiel-, Gesprächs- und Arbeitsgruppen zur Verfügung. Projektwochen, Berufspraktika und Wochen bzw. Tage religiöser Orientierung kommen hinzu.
- Wenn eine Schule in einem für sie besonders gebauten Gebäudekomplex arbeiten kann, ist die Chance für Besonderheiten groß. So hat die Friedensschule eine *Mediothek* – für moderne Schulen eine wichtige Einrichtung – neben naturwissenschaftlichen Räumen, einem Technikbereich, einer Dreifachturnhalle, Sportanlagen im Außenbereich, einer Schwimmhalle, Stufentreffpunkten und zwei Seelsorgezentren. Der *Anregungsgehalt der räumlichen Umgebung* erscheint damit besonders ausgeprägt.

Der *Gesamteindruck* ist: Gesamtschulen – nimmt man die anderen Beispiele hinzu – haben als innovative Schulen eine besondere Chance, Schulpädagogik so zu realisieren, wie sie im Arsenal pädagogischer Ideen theoretisch vorfindbar sind. Dies betrifft die zentralen Gestaltungsprinzipien wie die räumlichen Gegebenheiten sowie das Schulleben. Wenn dann auch noch eine religiös-weltanschauliche Grundorientierung hinzukommt, kann ein Lebens- und Lernkosmos entstehen, der ein Platz zum Großwerden mit anderen ist.

Die Bielefelder Laborschule
von Annemarie von der Groeben

Äußere Daten

Die Bielefelder Laborschule ist eine staatliche Versuchsschule des Landes Nordrhein-Westfalen und zugleich Wissenschaftliche Einrichtung der Fakultät für Pädagogik an der Universität Bielefeld. Sie nimmt Kinder im Alter von fünf Jahren auf. Sie umfaßt die Jahrgänge 0 (Vorschuljahr) bis 10 und hat insgesamt 660 Schülerinnen und Schüler (60 je Jahrgang). Sie ist in vier Stufen gegliedert: Stufe I (Jg. 0–2), Stufe II (Jg. 3–7), Stufe III (Jg. 5–7), Stufe IV (Jg. 8–10).

Die Laborschule ist als Gesamtschule besonderer Prägung konzipiert. Sie ist eine Ganztagsschule. Für die Kinder der Jahrgänge 0–2 (Stufe I) dauert der Schulvormittag bis 12 Uhr; bis 15.30 Uhr wird Nachmittagsbetreuung durch Erzieherinnen angeboten. Für die Schülerinnen und Schüler der Jahrgänge 3–10 beginnt der Unterricht um 8.30 und dauert an 2–4 Nachmittagen (nach oben zunehmend) bis 15 oder 16 Uhr. Der Dienstagnachmittag ist für Konferenzen reserviert.

Nach dem 10. (in Ausnahmefällen auch nach dem 9.) Schuljahr vergibt die Schule die für Gesamtschulen üblichen Abschlüsse: Hauptschulabschluß oder Fachoberschulreife, letztere bei entsprechenden Leistungen mit dem Qualifikationswerk, der zum Besuch der Gymnasialen Oberstufe berechtigt.

Träger der Versuchsschule ist das Land Nordrhein-Westfalen. Sie untersteht dem Kultusministerium. Sie arbeitet in enger Kooperation mit der Wissenschaftlichen Einrichtung Laborschule zusammen, die der Fakultät für Pädagogik der Universität Bielefeld zugeordnet ist und dem Wissenschaftsministerium untersteht. Eine Gemeinsame Leitung koordiniert und steuert beide Einrichtungen. Die Schule wird von einem aus fünf Personen bestehenden Team unter Führung der Schulleiterin, die Wissenschaftliche Einrichtung von deren Geschäftsführendem Leiter nach außen vertreten und geleitet.

Das pädagogische Konzept
Die Bielefelder Laborschule wurde zusammen mit dem Oberstufen-Kolleg nach den Ideen und unter der Leitung des Pädagogen Hartmut von Hentig gegründet, der beiden Einrichtungen bis zu seiner Emeritierung im Jahre 1987 als Wissenschaftlicher Leiter vorstand.

Die Gründungsideen, die die Schule und ihre Arbeit maßgeblich gestalten, hat er in folgenden Thesen zusammengefaßt:

1. These: Die Funktion der Schule hat sich in unserem Jahrhundert gewandelt: Sie ist für den größeren Teil der Kinder ein notwendiger Aufenthaltsort für den größeren Teil ihres Tages geworden – ein *Lebensraum*, in dem man folglich auch leben können muß.

2. These: Ist die Schule ein Lebensraum, erwirbt man an ihr nicht nur einzelne Kenntnisse und Fertigkeiten, man lernt zu leben. Das hier zu lernende Leben muß die Eigenschaften haben, die unsere Gesellschaft hat und haben will. Unsere Gesellschaft bejaht die *Vielfalt* der Meinungen, der Lebensziele und Lebensformen. Sie ist pluralistisch. Sie achtet die Würde des einzelnen. Die Erfahrung hiervon soll an der Schule gemacht werden.

3. These: Die Schule als Erfahrungsraum ist zugleich auch ein Ort, an dem der einzelne die Notwendigkeit, die Vorteile und den Preis des Lebens in der *Gemeinschaft* erfährt. Die Schule ist eine *polis.*

4. These: Ist die Schule ein Lebensraum, muß sich in ihr *der ganze Mensch* entfalten können.

5. These: Die Schule ist eine *Brücke* zwischen der Kleinfamilie, in der das Kind im Vorschulalter großgeworden ist, und den massenhaft organisierten Systemen des gesellschaftlichen Lebens: des Ausbildungs-, Berufs-, Verbrauchs-, Herrschafts-, Verkehrs- und Informationssystems und anderer Systeme.

6. These: Auch die Laborschule bleibt eine *Schule* – ein Ort, an dem bestimmte Kenntnisse erworben, Fertigkeiten entwickelt und geübt, Vorstellungen geordnet werden. Man wird auf das Leben danach vorbereitet. Man erfährt eine Einordnung in die Rollen, Bewertungen, Berechtigungen der Gesellschaft.

(Hartmut von Hentig: Kommentartext zum Film „Die Laborschule an der Universität Bielefeld – Teil III: Versuch einer Systematik". Bielefeld 1989, S. 45 f.)

Die Umsetzung dieser Thesen in der mittlerweile zwanzigjährigen Praxis der Laborschule hat zur Ausbildung eines besonderen pädagogischen Profils geführt. Die Art und Weise, wie ihre Schülerinnen und Schüler hier leben und lernen, unterscheidet sich teilweise erheblich von dem, was an anderen Schulen üblich ist.

Der Lernweg von Laborschülerinnen und -schülern
Die 11 Jahre, die Laborschülerinnen und -schüler an dieser Schule verbringen, gliedern sich in 4 *Stufen.* Auf jeder Stufe wird den Kindern schrittweise mehr Selbstverantwortung und eine größere Vielfalt von Lernangeboten zugemutet.

Die erste, die *Eingangsstufe,* umfaßt drei Jahre. Schon mit fünf Jahren werden die Kinder aufgenommen. In diesem Vorschuljahr und in den beiden folgenden leben und lernen sie in altersgemischten kleinen Gruppen (à 14). Wie in einer Familie lernen auch hier die jüngeren Kinder von den älteren, nicht nur von den Erwachsenen. Der Unterricht folgt keinem Fächer-Stundenplan, sondern dem natürlichen Tageslauf und dem Lernrhythmus der Kinder. Singen und Rollschuhlaufen, Tiere pflegen und In-den-Wald-Gehen kommen darin ebenso vor wie Lesen, Schreiben und Rechnen und werden für nicht weniger wichtig erachtet. Und auch das Lernen der Kulturtechniken wird immer wieder in den Zusammenhang des gemeinsamen Lebens in der Schule gestellt. Die Lehrerinnen und Lehrer geben den Kindern Anregungen und individuelle Hilfen; sie versuchen, sie zu fördern, indem sie sie nach ihrem je unterschiedlichen Lerntempo und -rhythmus arbeiten lassen, sie dabei beobachten, ermutigen und stützen.

Nach diesen drei Jahren, wenn die Kinder das zweite Schuljahr durchlaufen haben, gehen sie in das größere Haus der Laborschule und in die *Stufe II* über. Aus den 60 Schülerinnen und Schülern des Jahrgangs 3 werden drei neue Stammgruppen (à 20) gebildet, die dann bis zum Ende des 10. Schuljahres konstant bleiben. Diese Veränderung des Schullebens, das Zusammenwachsen der neuen Gruppe ist ein wichtiger Lernprozeß im dritten Schuljahr. Hinzu kommen weitere: Alle lernen ab jetzt eine erste Fremdsprache: Englisch. Der übrige Unterricht wird von der Betreuungslehrerin oder dem Betreuungslehrer erteilt. Er ist weiterhin ganzheitlich-offen, aber schon nach Arbeitsformen und Inhalten differenziert.

In der dann folgenden *Stufe III* (5.–7. Schuljahr) sind die Lerngegenstände nach *Erfahrungsbereichen* gegliedert: Umgang von Menschen mit Menschen (Sozialwissenschaft), Umgang mit Sachen: beobachtend, messend, experimentierend (Naturwissenschaft), Umgang mit Sachen: erfindend, gestaltend, spielend (Wahrnehmen und Gestalten), Umgang mit dem eigenen Körper (Körpererziehung, Sport und Spiel), Umgang mit Gedachtem, Gesprochenem und Geschriebenem (Sprache) und Mathematik. Außerhalb des *Pflichtunterrichts* können die Kinder jetzt eine zweite Fremdsprache (Latein, Französisch) oder ein Alternativ-Angebot dazu wählen sowie einen weiteren *Wahlkurs*.

Im 8.–10. Schuljahr *(Stufe IV)* wird dieser Wahlbereich um einen *Leistungskurs* erweitert. Im Pflichtunterricht differenzieren sich die Fächer aus den Erfahrungsbereichen heraus: „Naturwissenschaft" wird jetzt beispielsweise in Form von Physik-, Chemie- und Biologiekursen unterrichtet. Die Schülerinnen und Schüler lernen das Berufsleben kennen, indem sie drei *Praktika* (à drei Wochen) absolvieren; im 8. Schuljahr in einem Produktionsbetrieb, im 9. Schuljahr im Dienstleistungsbereich und im 10. Schuljahr entsprechend dem eigenen Berufswunsch. Sie fertigen größere Werkstücke an, sogenannte *Semesterarbeiten*, deren Themen sie selbst wählen und die theoretischer oder praktischer Art sein können.

Am Ende des 10. Schuljahres haben die Laborschülerinnen und -schüler also, entsprechend ihren Fähigkeiten und Neigungen, sehr unterschiedliche Lernbiographien hinter sich und sind – so will es die Schule – nicht nur auf ihren je unterschiedlichen weiteren Lebensweg gut vorbereitet, sondern auch als Personen mit Lebenszuversicht und Selbstbewußtsein ausgestattet.

Besonderheiten des Lebens und Lernens in der Schule
Zu diesen Besonderheiten gehört, daß Leben und Lernen als Einheit gesehen werden und folglich den gleichen Prinzipien folgen, die in den oben genannten Thesen zum Ausdruck kommen.

Im Unterricht der Laborschule soll, soweit dies möglich und sinnvoll ist, *Erfahrung an die Stelle von Belehrung* treten. Die Schule ist entsprechend ausgestattet: mit Werkstätten und Laboren, Spiel- und Sportgelegenheiten, mit Küche und Garten, mit einer großen Bibliothek und einem „Zoo", wo Kinder ihre Tiere halten können. Diese Lerngelegenheiten stehen nicht nur für den Unterricht zur Verfügung. Die Schule versteht sich selbst als Lebens- und Erfahrungsraum für Kinder und Jugendliche, ist darum als Ganztagsschule verfaßt und versucht, vielfältige und unterschiedliche Erfahrungen zu ermöglichen. Das gilt auch für Fächer, die normalerweise vorwiegend „über den Kopf" gelernt werden, z.B. die Fremdsprache Englisch. Sie beginnt, dem Alter der Kinder entsprechend, spielerisch; im 8. oder 9. Schuljahr erleben die Jugendlichen dann den „Ernstfall" des Lebens im Ausland. In ähnlicher Weise versuchen alle Fächer und Erfahrungsbereiche, Unterricht und Leben miteinander zu verbinden. Lernen findet nicht nur in der Schule statt, sondern auch im Stadtarchiv oder auf der Straße, im Museum oder im Theater, beim „Überlebenstraining" im Wald oder der Theateraufführung für das Schulfest.

Die Schule versteht sich selbst als eine *Schule für alle Kinder*. Sie will sie in ihrer Unterschiedlichkeit als Individuen ernstnehmen und so gut wie möglich fördern. *„Mit Unterschieden leben"* ist darum nicht nur ein Prinzip des Unterrichts, sondern auch des gemeinsamen Lebens in der Schule. Im Unterricht werden die Kinder nicht nach Lerntempo oder

Leistungsstand auseinanderdividiert; an die Stelle der üblichen Leistungsdifferenzierung tritt hier die Differenzierung der Angebote, die nach oben hin zunehmen. Darüber hinaus folgt Unterricht an dieser Schule nicht dem üblicherweise geltenden Prinzip, daß alle in der gleichen Zeit das Gleiche zu lernen haben. Vielmehr läßt er viel Freiraum für unterschiedliche Lernzugänge und stellt somit an die Arbeit der Lehrerinnen und Lehrer wie auch an die Selbständigkeit und Selbstverantwortung der Schülerinnen und Schüler hohe Anforderungen. – Die Bejahung von Unterschieden prägt ebenso das Leben in der Schule. Jüngere und ältere Kinder leben und lernen miteinander, solche, denen das Lernen besonders leicht fällt mit anderen, die besondere Schwierigkeiten haben, ausländische und deutsche, behinderte und nichtbehinderte Kinder. Toleranz und Achtung vor der Eigenart der anderen werden hier als Voraussetzung dafür angesehen, daß Kinder und Jugendliche sich selbst anzunehmen lernen.

Schule als Gemeinschaft ergänzt dieses Prinzip. Von klein auf leben die Kinder hier in *Stammgruppen*, die für sie wie Familien sind. Es ist ihnen ganz selbstverständlich, daß sie hier nicht nur gemeinsam lernen, sondern auch die Dinge des täglichen Lebens miteinander regeln. So lernen sie „Politik" von klein auf als Prinzip kennen; dies vor allem, später auch das Eindenken in Probleme der „großen" Politik kann dazu beitragen, daß sie sich als erwachsene Bürgerinnen und Bürger mitverantwortlich fühlen und in die Angelegenheiten der Gemeinschaft einmischen werden. Dies ist das erklärte Ziel der Schule und ihrer Pädagogik. Sie will, wie Hartmut von Hentig sagt, die Kinder und Jugendlichen „vorbereiten auf eine Welt, wie sie ist, ohne sie der Welt zu unterwerfen, wie sie ist." Die Schule konstituiert sich auf vielfältige Weise als Gemeinschaft aller hier tätigen Menschen: durch Stammgruppen-, Jahrgangs- und Stufenversammlungen, durch die Einschulungs- und Abschiedsfeiern, durch gemeinsame Projektwochen und Schulfeste, Ausstellungen und Basare. In einem *Jahresplan* sind diese Gemeinsamkeiten zusammengefaßt.

Leistungsfeststellung und Beurteilung

Als Versuchsschule ist die Laborschule davon befreit, Notenzeugnisse geben zu müssen. Dies würde ihrer auf Individualisierung ausgerichteten Pädagogik und Didaktik auch widersprechen und deren Ergebnisse in Frage stellen. Hier werden die Kinder und Jugendlichen täglich darin bestärkt und dazu ermutigt, das ihnen jeweils Mögliche so gut wie möglich zu machen, und nach diesem Maßstab, also nach dem je individuellen Leistungsvermögen, werden ihre Leistungen auch beurteilt. Zweimal im Jahr (in den Stufen I und II nur einmal) bekommen sie sogenannte „Berichte zum Lernvorgang": Diese Berichte bestehen aus zwei Teilen. Der erste, die „Beschreibung des Unterrichts", informiert die Eltern darüber, was jeweils in diesem Halbjahr in diesem Erfahrungsbereich oder Fach gelernt wurde. Im zweiten Teil mit der Überschrift „Lernverhalten des Schülers/der Schülerin" spricht der Lehrer oder die Lehrerin das Kind direkt an, schildert, was es in diesem Halbjahr gelernt und getan hat, hebt besondere Leistungen hervor, benennt auch Schwächen und gibt Hilfen dafür, was das Kind tun kann, um diese zu beheben. Diese Berichte stehen im Kontext der gesamten pädagogischen Arbeit. Die Kinder erfahren aus ihnen nichts prinzipiell Neues, sondern sehen sie als eine zusammenfassende Würdigung dessen, was sie getan haben. Ihnen sind darum diese Berichte besonders wichtig, und sie empfinden sie als *ihr* persönliches Eigentum, obwohl sie einen zeugnisähnlichen Charakter haben und im juristischen Sinne an die Eltern gerichtet sind. Diese werden nicht nur auf diese Weise über die Entwicklung ihres Kindes informiert, sondern immer auch durch begleitende Gespräche.

Die Eltern

Die Laborschule ist eine Angebotsschule und insofern darauf angewiesen, daß Eltern dieses Angebot für ihr Kind wählen wollen. Darum spielt die Information der Eltern und ihre Beteiligung am Schulleben eine große Rolle. Jedes Jahr werden *Tage der Offenen Tür* veranstaltet, um interessierten Eltern, die ihr Kind in diese Schule möchten, Einblick in ihre Besonderheit zu ermöglichen. An *Informationsabenden* können sie Näheres erfahren.

Elternabende finden in der Laborschule in der Regel einmal im Monat statt. Für die Eltern, deren Kinder in eine neue Stufe übergehen, finden regelmäßig spezielle Informationsveranstaltungen statt. Die üblichen *Elternsprechtage* gibt es zweimal im Jahr. Darüber hinaus können Eltern jederzeit in die Schule kommen und auch im Unterricht hospitieren. Sie beteiligen sich in vielfältiger Weise an Schulveranstaltungen und -festen, sie helfen mit bei Projekten oder bei der Gestaltung der Schule, begleiten Gruppen auf Reisen, wirken bei der Berufsberatung mit und natürlich auch in den Schulgremien.

Die Lehrerinnen und Lehrer

An der Laborschule unterrichten Lehrerinnen und Lehrer aller Schularten. Da die Schule sich als Einheit von Primarstufe und Sekundarstufe I versteht, ist es hier möglich, nicht nur in der Stufe zu unterrichten, für die man ausgebildet ist, sondern auch mit einem Teil des Deputats in die jeweils andere zu gehen. Dadurch ist es möglich, die Arbeit der verschiedenen Stufen miteinander zu verzahnen.

Darüber hinaus sind an dieser Schule Erwachsene tätig (und sollen es sein!), die nicht Lehrerinnen und Lehrer sind: die Werkmeister und die Bibliothekarin, Sekretärinnen, Hausmeister und andere.

Die Laborschule ist eine staatliche Schule und steht Kindern aus Bielefeld offen. Über ihre Aufnahme wird nach einem speziellen Verfahren und festgelegten Kriterien entschieden.

Schulpädagogische Markierungen (Lesecroumees)

Die Bielefelder Laborschule hat in der Schulszene Deutschlands einen besonderen Stellenwert. Sie basiert wesentlich auf den Ideen Hartmut von Hentigs, einem der großen Pädagogen Deutschlands.

- Die Schule will *Lebensraum, Erfahrungsraum*, eine *polis* sein, in der sich der ganze Mensch entfalten kann.

- Auch in der Laborschule wird von den *Lernwegen* der Schüler/-innen gesprochen. Diese beginnen in der Eingangsstufe schon mit fünf Jahren. Das soziale Feld sind *altersgemischte Gruppen*; je 3 Jahrgänge leben und lernen zusammen. Die *Angebotsstruktur* entwickelt sich in unterschiedlicher Akzentuierung in vier Stufen.
- Wenn die Schule Erfahrungsraum sein soll, ist die *Lernumwelt* entsprechend wichtig: Werkstätten, Labors, Küche, Garten, Bibliothek, Zoo, Spiel- und Sportgelegenheiten; sind *außerschulische Lernorte* bedeutsam: Stadtarchiv, Straße, Museum, Theater, schließlich *„Ernstsituationen"*: Überlebenstraining im Wald, Praktika, Reisen, Schullandheimaufenthalte, Skifahrten.
- Eine Schule für alle Kinder will und muß mit Unterschieden leben. Anstatt die Kinder auseinanderzudividieren per Leistungsdifferenzierung, wird eine *Differenzierung der Angebote* und *Freiraum* für unterschiedliche Lernzugänge angeboten.
- Wenn die Schule eine polis, ‚eine embryonic society', eine Gemeinschaft sein soll, sind vielfältige *Gemeinschaftserfahrungen* möglich zu machen: die Stammgruppe (wie eine Familie), Stammgruppen-, Jahrgangs-, Stufenversammlungen, Feiern und Feste, Projektwochen, Ausstellungen und Basare.
- Dem Anliegen der Schule entspricht eine *alternative Leistungsfeststellung und -beurteilung*: Berichte zum Lernvorgang teilten sich in die Beschreibung des Unterrichts und des Lernverhaltens der Schülerin/des Schülers.
- *Elternbeteiligung* ist erwünscht. Tage der Offenen Tür, Informationsabende, Elternabende, Elternsprechtage schaffen die Kontaktbasis, auf der dann eine vielfältige Mitwirkung Platz greift.

Der *Gesamteindruck* ist: bei allen identischen oder ähnlichen Gestaltungselementen mit den Schulen, die in den vorangegangenen Schulporträts dargestellt worden sind, ist eine Schule eigener Prägung erkennbar. Der Geist einer polis im Kleinen bestimmt den Erfahrungsraum Schule, in dem Lernwege der Schüler/-innen bestimmend sind. Man muß sich dazu im Grunde die Pädagogik Hartmut von Hentigs zum besseren Verständnis aneignen (v. Hentig, 1993).

Internatsschulen

Auch wenn Internatsschulen in der Breite gesehen kein zahlenmäßig bedeutsamer Teil des Schulwesens insgesamt gesehen sind, sind sie in schulpädagogischer Perspektive außerordentlich interessant. Aufgrund des Lebens in einer Schulgemeinschaft Tag und Nacht und auch am Wochenende drängt sich bei ihnen eine Frage besonders in den Vordergrund:

Wie kann ein pädagogisch gestalteter Lebens- und Erfahrungsraum, verbunden mit schulischen Ansprüchen und Angeboten, über eine Pädagogik des ganzen Tages (Ganztagsschule) hinaus das Leben und Lernen junger Menschen produktiv befördern?

Und da zeigt sich, daß pädagogisches Engagement und Einfallsreichtum besonders groß sind. Wer die Familienerziehung aus welchen Gründen auch immer nicht zum Grundbestandteil des Aufwachsens seiner Kinder machen kann, der findet bei den Internatsschulen pädagogisch gestaltete Lebensräume, die beeindruckend sind. An zwei Beispielen soll das aufgezeigt werden.

- Die Odenwaldschule ist eines der bekanntesten Landerziehungsheime. Sie steht in einer reformpädagogischen Tradition, die intellektuelle Herausforderungen (sie will eine „Schule der Aufklärung" sein) mit der Förderung von handwerklich-technischen Fähigkeiten und einer Lebenswelt verbindet, wie man es sich glücklicher eigentlich nicht vorstellen kann. Das Porträt wird dies zeigen.
- Die Jugenddorf-Christophorus-Schulen sind vom evangelischen Glauben geprägt und stellen eine eigene Schulwelt dar. Sie verbinden den erzieherischen Aspekt (Leben im Dorf mit vielen Freizeitangeboten und Aspekten einer Erlebnispädagogik) mit schulischer Qualifikation und haben in der Regel den Auftrag, besondere Probleme (in Obersalz-

berg z. B. die Betreuung Asthmakranker und von Hochleistungssportlern) pädagogischen Lösungen zuzuführen. Das macht sie auf eigene Weise interessant.

Die Odenwaldschule
von Wolfgang Harder

Äußere Daten

Die Odenwaldschule Ober-Hambach, 1910 von Paul Geheeb gegründet, gehört zu den derzeit 17 deutschen Landerziehungsheimen, die sich aus der reformpädagogischen Bewegung zu Beginn unseres Jahrhunderts heraus entwickelt haben. Die Odenwaldschule ist eine Schule in freier Trägerschaft; Träger ist seit 1949 der gemeinnützige Verein „Odenwaldschule e. V.". Sie führt zu staatlich anerkannten Abschlüssen der Hauptschule, der Realschule, der Fachoberschule und des Gymnasiums, und sie bietet Ausbildungsgänge an bis zur Gesellenprüfung im Schreiner- und Schlosserhandwerk sowie zur Abschlußprüfung für den Beruf des Chemisch-Technischen Assistenten.

Die Odenwaldschule ist eine Internatsschule, in der ca. 260 Jungen und Mädchen nicht nur gemeinsam lernen, sondern auch zusammen leben: in kleinen, altersgemischten Wohngruppen, in „Familien". Dazu kommen noch etwa 30 „externe" Schüler, deren Eltern Mitarbeiter der Odenwaldschule oder Einwohner von Ober-Hambach sind.

Die Odenwaldschule findet man am Ende eines kleinen Seitentals der Bergstraße, etwa in der Mitte zwischen Darmstadt und Heidelberg. In einem 9 ha großen Wald- und Wiesengelände stehen, in Hanglage verstreut, 32 Häuser, die als Teil des Dorfes Ober-Hambach die Odenwaldschule bilden. In 14 von ihnen wohnen die „Familien"; in den übrigen gibt es vorwiegend Unterrichtsräume und Werkstätten, dazu eine Turnhalle, die Bibliothek, den Speisesaal, die Krankenstation, Räume für die Verwaltung usw.

Von den ca. 110 Mitarbeitern sind 50 mit einer Doppelaufgabe als Lehrer und Erzieher angestellt. Die anderen arbeiten in den verschiedenen Betriebsabteilungen – als Klempner,

Schreiner, Schlosser, Elektroinstallateur, Maler, Gärtner – sowie in Küche und Hauswirtschaft und in der Verwaltung.

Leben in der Schule

Die meisten Schülerinnen und Schüler bleiben ziemlich lange in der Odenwaldschule: im Durchschnitt vier bis fünf Jahre. In dieser Zeit wird die Odenwaldschule für viele von ihnen eine Art „zweites Zuhause". Was bedeutet das?

Als das Wichtigste empfinden fast alle Jungen und Mädchen wohl die Frage, zu welcher „Familie" sie gehören. „Familien" werden in der Odenwaldschule seit ihrer Gründung die Wohngruppen genannt, in denen jeweils 6–10 Jungen und Mädchen verschiedenen Alters miteinander leben. Die einzelnen Familien heißen z.B. „Schmidt-Familie" oder „Krüger-Familie", nämlich nach ihrem „Familienoberhaupt": einem Lehrer oder einer Lehrerin oder einem Lehrerehepaar, die im gleichen Haus wohnen und für die Familie verantwortlich sind. Das Familienoberhaupt ist der Erwachsene, den man normalerweise zuerst anreden wird, wenn man ein großes oder kleines Problem hat.

Ebenso wichtig ist für die meisten, mit wem sie auf dem Zimmer sind. Neben ein paar Einzelzimmern, die in der Regel von den ältesten Jungen und Mädchen bewohnt werden, gibt es nur Zweierzimmer. Man lebt mit einem „Gleichen" zusammen, also: zwei Jungen aus der 7. Klasse oder zwei Mädchen aus der Oberstufe. Als „Neuer" wird man nach gründlichen Vorüberlegungen auf einen der zum Schuljahrsanfang freigehaltenen Plätze gesetzt. Später, meist am Beginn des zweiten Jahres in der Odenwaldschule, kann man sich mit jemand anderem zusammen in eine bestimmte Familie hineinwünschen. Und wenn es machbar ist, dann kommt man auch dahin. Viele bleiben allerdings mit ihrem ersten Zimmerkameraden bzw. ihrer ersten Zimmerkameradin zusammen und auch in der Familie, der sie zuerst zugeordnet waren – einfach, weil es ihnen da gefällt.

Allen Familien ist gemeinsam, daß sie sich – wie die meisten natürlichen Familien ja auch – dreimal täglich zu dem

Mahlzeiten versammeln. Da hat jede Familie ihren festen Tisch im Speisesaal. Im übrigen kann der Stil sehr verschieden sein: von festen, stark aufeinander bezogenen Gruppen, die viel miteinander unternehmen (manchmal sogar in den Ferien), bis zu eher losen Wohngemeinschaften. Alle Familien haben eine gemeinsame Kasse, in die jeder von seinem Taschengeld einen festen Betrag einzahlt; alle Familien gehen alljährlich im September – also etwa einen Monat nach Schuljahresbeginn – für eine Woche gemeinsam auf Reisen.

Bei alledem lernt man einander – Gleichaltrige, Jüngere, Ältere, Jungen und Mädchen, auch Erwachsene – als Menschen kennen und annehmen, d.h. außerhalb der fixierten Rollen von Mitschüler, Lehrer usw. Und man lernt, miteinander auszukommen, Aufgaben zu verteilen und zu übernehmen, Konflikte zu lösen, sich gegenseitig zu helfen, füreinander verantwortlich zu sein, gemeinsam etwas zu planen und zu unternehmen. Man wird geschickter im Umgang mit anderen, lernt, sich anzupassen, ohne seine Identität aufzugeben. Oft entstehen aus dem Zusammenleben Freundschaften, die lange über die Schulzeit hinaus bestehen.

Das pädagogische Konzept, das Curriculum und die Unterrichtsorganisation

Die Odenwaldschule sucht den Kindern und Jugendlichen, die hier zur Schule gehen, möglichst individuelle Lernanregungen zu geben und sie möglichst vielfältige Lernerfahrungen sammeln zu lassen. Die stärker intellektuell orientierten ebenso wie die mehr handwerklich-praktisch versierten oder die eher musisch-künstlerisch interessierten Jungen und Mädchen, die unbeirrbar Zuverlässigen unter ihnen ebenso wie die nervenstarken Saisonarbeiter, die großzügigen Überflieger wie die exakten Tüftler, die schnellen wie die langsameren Lerner – sie alle sollen hier ihre je eigenen Gaben und Fähigkeiten entfalten und formen können. Und auch, wer in seinen Lernmöglichkeiten irritiert und gehemmt ist – durch eine Lese-Rechtschreib-Schwäche etwa oder eine fehlgeplante Schullaufbahn oder häufige Schulwechsel oder eine schwierige familiäre Situation –, der soll hier Zeit und Gelegenheit finden, sich wieder ermutigter auf schulisches Lernen einzulassen.

Diese Zielsetzung ist in den einzelnen Abschnitten der Geschichte der Odenwaldschule natürlich unterschiedlich eingelöst worden. Die Entwicklung hat bis heute zu dem im folgenden skizzierten Aufbau einer vielfältig gegliederten Organisation des schulischen Bereichs geführt.

Die Mittelstufe (Klasse 5–10)

Die Mittelstufe der Odenwaldschule ist als integrierte Gesamtschule eingerichtet. Deren besondere Merkmale sind:

- kleine, überschaubare Lerngruppen (mit 10, höchstens 16 Schülerinnen und Schülern), offene Unterrichtsformen/Freiarbeit;
- Differenzierung nach Neigung und Fächerwahl, nicht nach Leistungsniveau oder Schulformen;
- eine handwerklich-technische Grundausbildung für alle, durchgängig von Klasse 7–10 jeweils einen Vormittag in der Woche, und zwar wahlweise in einer von fünf Lehrwerkstätten (Schlosserei, Schreinerei, Töpferei, Design, Druck/Grafikdesign);
- eine Fremdsprachenabfolge mit Englisch für alle ab Klasse 5 und wahlweise Französisch ab Klasse 7, Latein ab Klasse 9 (dazu nach Möglichkeit individuelle Regelungen für Schüler, die mit einer anderen Sprachenfolge kommen);
- besondere Akzente durch Klassenfahrten (Klasse 5 und 6), Klassenfahrten und Klassenprojekte (Klasse 7 und 8), einem mehrmonatigen Aufenthalt in einer englischen Internatsschule und ein mehrwöchiges Betriebspraktikum (Klasse 9), Betriebspraktikum, Theaterprojekt, Abschlußstücke und Zwischenprüfungen in den Werkstätten (Klasse 10).

Die Oberstufe (Klasse 11–13)

Die Oberstufe der Odenwaldschule ist charakterisiert durch mehrere Ausbildungsgänge, die sich unterschiedlich ausgestalten und kombinieren lassen. Ihre Grundstruktur sieht wie folgt aus:

- Der Fachoberschulzweig mit dem Abschluß „Allgemeine Fachhochschulreife" umfaßt die beiden Schwerpunkte Maschinenbau und Bautechnik. Der Ausbildungsgang schließt die Gesellenprüfung im Schlosser- bzw. Schreinerhandwerk mit ein.
- In der gymnasialen Oberstufe kann unter den folgenden Leistungsfächern gewählt werden: Deutsch, Englisch, Französisch, Kunst, Gemeinschaftskunde, Geschichte, Religionslehre, Mathematik, Biologie, Chemie, Physik. Zu den Besonderheiten gehören hier unter anderem jahrgangsstufenübergreifende Quartalskurse und obligatorische Semesterarbeiten in den jeweils gewählten beiden Leistungsfächern.
- Parallel zum Erwerb der Allgemeinen Hochschulreife im Rahmen der gymnasialen Oberstufe kann auch ein Ausbildungsgang zur Vorbereitung auf die staatliche Abschlußprüfung zum Chemisch-Technischen Assistenten gewählt werden. Die Prüfung findet unmittelbar im Anschluß an die mündliche Abiturprüfung statt.
- In besonderen Fällen kann die Ausbildung in der Schlosserei und in der Schreinerei auch parallel zum Besuch der gymnasialen Oberstufe fortgeführt werden. Am Ende gibt es hier also neben dem Abiturzeugnis auch noch den Gesellenbrief der Schlosser- bzw. Schreinerinnung des Kreises Bergstraße.

Leistungsfeststellung und -beurteilung

In der Odenwaldschule kann man, wie eingangs erwähnt, eine Reihe verschiedener staatlich anerkannter Schulabschlüsse und beruflicher Qualifikationen erwerben. Auf dem Weg dorthin gibt es natürlich eine Vielzahl unterschiedlichster Leistungsüberprüfungen. Und natürlich Leistungsbeurteilungen: für jedes Unterrichtsfach in jedem Unterrichtsquartal individuelle Kursberichte – ohne Ziffernzensuren bis zum Ende der Klasse 6, mit Ziffernzensuren ab Klasse 7.

Die Kursberichte sind – ebenso wie Briefe und Rundschreiben sowie die halbjährlich erscheinenden „oso-nachrichten" und die Publikationsreihe der „OSO-Hefte" – auch für die Eltern wichtige schriftliche Informationen über das Leben und Lernen ihrer Kinder an der Odenwaldschule. Sie ergänzen die unmittelbaren persönlichen Begegnungen „vor Ort" – bei der An- oder Abreise an den Heimfahrwochenenden oder zu den Ferien, bei Klassenelternversammlungen, bei Theateraufführungen, beim Sommerfest, beim Weihnachtsbazar oder bei sonstigen eigens vereinbarten Gelegenheiten.

Das Schulleben

An einer Internatsschule wie der Odenwaldschule gibt es eine besondere Chance: Man lebt mit vielen anderen zusammen, und so gibt es immer ein paar, die die gleichen Interessen haben, man kann sich also zusammentun und gemeinsam etwas unternehmen. Wenn dann die Schule noch für ein paar technische Voraussetzungen sorgt, wird daraus ein Angebot von Möglichkeiten für die nicht vom Unterricht bestimmte Zeit.

Zu diesen Angeboten gehören die verschiedensten Individual- und Mannschaftssportarten (vom Waldlauf bis zum Basketball, vom Squash-Spielen bis zur Kletterexkursion), musisch-künstlerische Betätigungen (mit einem Schwerpunkt beim Theaterspielen), regelmäßige Aula-Abende mit auswärtigen Gästen (Künstlern, Journalisten, Politikern, Wissenschaftlern) und Arbeitsgemeinschaften, die sich um feste Einrichtungen kümmern (Teehaus, Disco, Bibliothek, Fotolabor, Film- und Videoprojekte). Dazu gehören aber auch die „Sozialen Dienste" (Gruppen, die z. B. Patienten in einem psychiatrischen Krankenhaus betreuen, Asylbewerbern Deutschunterricht erteilen, Kindern von Ausländern bei den Hausaufgaben helfen) und die schuleigene Feuerwehr, die auch außerhalb der Odenwaldschule anerkannt ist und zum Einsatz kommt.

In der Verfassung der Schülervertretung der Odenwaldschule steht als erster Satz: „Der Erziehung zur Selbstverantwortung und zur politischen Verantwortung dient eine demokratische Mitwirkung der Schüler." Den formellen Rahmen für diese Einübung in die Demokratie bilden die Mitwirkungsgremien der Schule:

Die Schulgemeinde, wie die Vollversammlung aller Schüler/-innen und aller Mitarbeiter/-innen an der Odenwaldschule genannt wird. Sie wird mehrmals im Jahr einberufen, wenn es gilt, zentrale Fragen und aktuelle Probleme des Zusammenlebens gemeinsam zu erörtern und Entscheidungen der jeweils zuständigen Gremien vorzubereiten.

Die Klassengemeinden, in denen Fragen geklärt werden, die nur die jeweilige Klasse betreffen.

Das Parlament, in das jede Familie einen Vertreter entsendet. Es erhebt von allen Schülern einen regelmäßigen finanziellen Beitrag, insgesamt etwa DM 4000,– im Jahr, über dessen Verwendung es selbst beschließt. Es regelt, auch durch seine Ausschüsse, in eigener Verantwortung möglichst viele Dinge, die nur die Schüler betreffen. In den allgemeinen Konferenzen sind 16 vom Parlament entsandte Parlamentsmitglieder stimmberechtigt.

Der Rechtsausschuß, der aus vier vom Parlament gewählten Schülern und vier von der Konferenz gewählten Mitarbeitern besteht. Der Rechtsausschuß schlägt der Konferenz vor, was geschehen soll, wenn einzelne die geschriebenen oder ungeschriebenen Regeln der Odenwaldschule verletzen. Er kann Beschlüsse des Parlaments und der Konferenz anfechten, wenn sie nicht korrekt zustande gekommen sind.

Der Vertrauensausschuß, der aus fünf Schülern besteht, die von der gesamten Schülerschaft gewählt werden. Er ist eine Art Vermittlungs- und Schlichtungsinstanz bei Konflikten unter den Schülern oder zwischen Schülern und Mitarbeitern. Er erledigt den größten Teil seiner Aufgaben unter strengem Stillschweigen im Verborgenen. Er hat das Recht, überall gehört zu werden und zuzuhören; er wirkt auch bei der Einstellung neuer Mitarbeiter mit.

Die „Teekonferenz“, die jeden Vormittag zusammenkommt und an der alle pädagogischen und etwa 15 technisch-administrative Mitarbeiter sowie etwa 15 Schülervertreter – darunter die drei Mitglieder des Parlamentspräsidiums – teilnehmen. Hier kommen die großen und kleinen Alltagsereignisse spontan und direkt zur Sprache, werden auch Streitfragen und Konflikte aufgegriffen und nach Möglichkeit sofort geklärt und entschieden.

Zu diesen Gremien kommt noch eine Fülle von weiteren Teil- und Gesamtkonferenzen – fast alle „öffentlich" –, von gemischten Ausschüssen usw., bei denen jeweils Lehrer und Schüler miteinander beraten. Wichtiger aber noch als diese notwendigen offiziellen Anlässe für die angestrebte demokratische Mitwirkung der Schüler ist vermutlich ein Klima, das es selbstverständlich macht, daß einzelne Erwachsene ständig und unbefangen die Fragen, die die Schule insgesamt betreffen, mit einzelnen Kindern und Jugendlichen oder auch mit kleinen Gruppen besprechen.

Besonderheiten

Die Odenwaldschule möchte mit alledem eine Lebens- und Lernumwelt sein, die Kindern und Jugendlichen guttut:

- eine Schule, die intellektuelle Herausforderungen setzt, zugleich aber handwerklich-technische Fähigkeiten und Kreativität fördert – und auf diese Weise Kindern und Jugendlichien hilft, durch Erfahrungen im Umgang mit Menschen, Sachen und Ideen ihre eigene Identität zu finden und zu bewahren;
- eine Schule der Aufklärung, die ermutigen will, „sich seines Verstandes ohne Leitung eines anderen zu bedienen";
- ein Ort, an dem auch – soweit das möglich ist – belastende Lebenssituationen entspannt und verpaßte Chancen neu geboten werden sollen;
- ein Lebensraum, in dem Kinder und Jugendliche konkrete Verantwortung für ihren eigenen und den gemeinsamen Alltag übernehmen können und zugleich lernen, sich grundsätzlichen Wertentscheidungen zu stellen;
- ein Versuch schließlich, Leben und Lernen als Einheit zu verwirklichen und dabei nicht etwa die Unterschiede, wohl aber das Macht- und Wertgefälle zwischen erwachsener und kindlicher bzw. jugendlicher Existenz aufzuheben.

Schulgeld
Der ordentliche Haushalt des Trägervereins der Odenwaldschule hat (1993) ein Volumen von ca. 12 Mio. DM. Ca. 18 % davon werden aus dem Kostenzuschuß des Landes Hessen nach dem Privatschulfinanzierungsgesetz gedeckt; alles übrige muß aus Spenden gewonnen und über Gebühren erhoben werden. Die Jahresgebühr beträgt (1993) 32 000,– DM. Etwa die Hälfte der Schülerinnen und Schüler erhält ein Teilstipendium oder wird über einen „öffentlichen Kostenträger" finanziert.

Weitere Informationen über die Odenwaldschule können unter der folgenden Adresse angefordert werden: ODENWALDSCHULE Ober-Hambach, 64646 Heppenheim, Telefon: 0 62 52 / 7 10 77, Fax: 0 62 52 / 7 83 28

Hinweise auf verwandte Schulen
Informationen über die in der „Vereinigung deutscher Landerziehungsheime" zusammengeschlossenen Schulen, zu denen auch die Odenwaldschule zählt, sind über die Geschäftsstelle der Vereinigung erhältlich: Am Schlachtensee 2, 14163 Berlin Telefon: 0 30 / 8 01 20 79, Fax: 0 30 / 8 02 23 92

Schulpädagogische Markierungen (Leseresumees)
Die Odenwaldschule ist eines der bekanntesten Landerziehungsheime (Internatsschulen). Sie hat inzwischen schon eine Lebensdauer von mehr als 80 Jahren.
- Mit den zentralen Begriffen „Familie" und „Dorf" und der Beschreibung des Schulareals wird deutlich, daß sie eine *Lebenswelt mit besonderer Lebensordnung* ist. Dabei spielt die *Altersheterogenität* übrigens auch eine große Rolle. Diese Lebenswelt ist insofern von anderer Qualität, als über die gemeinsamen Mahlzeiten hinaus der Abend, die Nacht, das Wochenende, kurz das Leben insgesamt von dem Leben in der Gemeinschaft bestimmt ist.
- Jeder soll ein Höchstmaß von *Anregung* und *Förderung* bekommen. Dazu dienen die Organisation der Mittelstufe als Gesamtschule, eine handwerklich-technische Grundausbil-

dung für alle, besondere Formen des Schullebens und die Verbindung von allgemeiner und beruflicher Bildung bis hin zu doppelten Abschlüssen (Abiturzeugnis und Gesellenbrief).

- Sport, Theaterspiel, soziale Dienste, Aula-Abende, Arbeitsgemeinschaften, feste Einrichtungen wie Teehaus, Disco, Fotolabor u. a. m. sichern einen *Lebens- und Lernkosmos* von besonderer Dichte.
- Die *Demokratie* der Schule ist eines ihrer besonderen Merkmale. Schulgemeinde (Vollversammlung), Klassengemeinden, Parlament, Rechtsausschuß, Vertrauensausschuß, Teekonferenz, Ausschüsse, Konferenzen bilden ein *Geflecht von Institutionen und Verantwortlichkeiten*, wie es die Tagesschule in dieser Intensität kaum realisieren kann.

Der *Gesamteindruck* ist: Die Odenwaldschule als Lebens- und Lernwelt scheint eine Reihe „pädagogischer Balancen" besonders gut zu schaffen: Förderung von Individualität und Verpflichtung gegenüber der Sozietät, intellektuelle Herausforderungen und handwerklich-technische Ausbildung, aufklärerische Arbeit (sich seines Verstandes ohne Leitung eines anderen zu bedienen) und musisch-gestalterische Arbeit, Leben und Lernen, Anforderung und Entspannung. Das ist mehr, als man von einer Schule in der Regel erwarten kann!

Die Jugenddorf-Christophorusschule Obersalzberg in Berchtesgaden von Manfred Bönsch

Äußere Daten

Die Jugenddorf-Christophorusschule Obersalzberg liegt im Nationalpark Berchtesgaden in fast 1200 m Höhe. Diese landschaftlich einmalige und klimatisch günstige Lage (anerkanntes Heilklima) ist Voraussetzung und wichtiger Faktor der hier seit über 30 Jahren geleisteten pädagogischen Arbeit. Eines ihrer Ziele besteht darin, Kinder, die aus unterschiedlichen Gründen einer individuellen Förderung und Begleitung bedürfen, in eine gesunde Schulgemeinschaft zu integrieren. Sie umfaßt neben den Schülern und Schülerinnen aus dem Jugenddorf etwa ebenso viele Jugendliche aus dem Berchtesgadener Land.

Zwei speziell geförderte Schülergruppen haben den Namen der Schule überregional bekannt werden lassen:

die Hochleistungssportler der Deutschen Wintersportverbände und asthmakranke Kinder und Jugendliche. Letztere werden im zur Gesamteinrichtung gehörenden Asthmazentrum Jugenddorf Buchenhöhe auch unter Ausnutzung der besonders günstigen klimatischen Voraussetzungen gesundheitlich stabilisiert.

Die Jugenddorf Christophorusschule Obersalzberg wurde 1953 vom Christlichen Jugenddorfwerk Deutschlands (CJD) als Gymnasium eingerichtet, seit 1976 umfaßt ihr Angebot auch einen Realschulzweig. Beide Ausbildungseinrichtungen sind staatlich anerkannt, die jeweiligen Abschlußprüfungen werden mit den für alle bayerischen Schulen verbindlichen zentralen Aufgabenstellungen durchgeführt.

Im Rahmen der in Bayern üblichen Realschulausbildung können die üblichen Fächerkombinationen gewählt werden. Das Gymnasium bietet beide Formen des neusprachlichen Zweiges (Sprachenfolge: entweder Latein / Englisch / Französisch oder Englisch/Latein/Französisch) und die mathematisch-naturwissenschaftliche Ausbildungsrichtung (Sprachenfolge: Englisch/Latein) an.

Ganztagsschule

Eine erste pädagogische Sonderaufgabe der Jugenddorf Christophorusschule Obersalzberg stellt der Ganztagsunterricht in der Unterstufe des Gymnasiums dar. Er wurde, auch um den schulischen Bedürfnissen des Berchtesgadener Landes Rechnung zu tragen, 1970 eingeführt. Insbesondere Angehörige des während der Saison die ganze Familie stark belastenden Fremdenverkehrsgewerbes machen von diesem Angebot für ihre Kinder gerne Gebrauch. Das Projekt wurde in den ersten Jahren als einer von 17 Schulversuchen vom Bayerischen Staatsministerium für Unterricht und Kultus gefördert und wissenschaftlich begleitet. Neben der augenfälligen Aufgabenstellung: weitgehender Verzicht auf Hausaufgaben, damit Entlastung der Familie von möglichen Schulproblemen, scheinen in einer Ganztagsschule folgende Ziele besser erreichbar als in einer Halbtagsschule:

- die Einübung in die Lernformen und Arbeitsmethoden des Gymnasiums,
- die Anpassung des Lernprozesses an den kindlichen Lebensrhythmus,
- die Beseitigung von Schulangst und geistig-seelischen Störungen.

Die Erfahrung hat dies in vielen Fällen bestätigen können.

Einbettung der Schule in ein großes Bildungswerk mit einem pädagogischen Gesamtkonzept

Mit dem Stichwort Ganztagsschule wurde bereits auf eine spezielle Aufgabenstellung der Jugenddorf Christophorusschule Obersalzberg hingewiesen. Ihr Gesamtbild kann aber nur erfaßt werden, wenn der Schulträger – das Christliche Jugenddorf Deutschlands – darin wesentlich mit einbezogen wird. Gegründet wurde das Christliche Jugenddorfwerk Deutschlands 1947 von Pastor Arnold Dannenmann (gestorben 1992). Geistig im württembergischen Pietismus verankert und geprägt durch die Erfahrungen als Mitglied der Bekennenden Kirche, hat er aus der Not der Nachkriegszeit unter dem Leitwort „Keiner soll verlorengehen" dieses Werk geschaffen. Es ist heute mit über 150 Einrichtungen der größte freie Träger von Bildungs- und Ausbildungseinrichtungen in Deutschland.

Das pädagogische Konzept

Von diesem Ansatz ist eine Jugenddorf Christophorusschule eine christliche Schule neuer Prägung, weil sie ein Ort der Auseinandersetzung mit dem Evangelium sein will, ohne die Probleme des Alltags wie Behinderung, Sprachbarrieren, Ausbildung, Umschulung und soziale Herkunft aus dem Auge zu verlieren. „Eine moderne Begegnungsstätte mit Jesus Christus" soll jedes Jugenddorf werden, so lautet eine andere Devise. Entsprechend versucht sich auch die Schulwirklichkeit darzustellen: Immer wieder Angebot oder Begegnung und Auseinandersetzung mit dem Evangelium – Ja! Zwang zu Übungen formaler Frömmigkeit – Nein! Eine Schule, die sich auf das Evangelium beruft, muß offen sein für alle jungen Menschen, unabhängig von ihrem Kulturkreis oder ihrer Vergangenheit. Nur die Abschätzung der Aussichten, einen erfolgreichen schulischen Abschluß zu erreichen, kann maßgebend sein für die Entscheidung über die Aufnahme des einzelnen. Natürlich ist an einer Jugenddorf Christophorusschule Teilnahme an einem christlichen Religionsunterricht obligatorisch.

Wenn eben schon der Begriff „schulischer Erfolg" angesprochen wurde, muß er im Rahmen der CJD weiter gefaßt werden. Natürlich kann sich jede Schule nur bemühen, die bestmöglichen Voraussetzungen für den erfolgreichen Abschluß der Schullaufbahn zu schaffen, die Entwicklung von Persönlichkeiten zu ermöglichen. Das Bestehen des Abiturs oder der Realschulabschlußprüfung kann jedoch niemand garantieren. Zu unterschiedlich sind Begabung, persönliche Situation und soziale Vorgeschichte eines jungen Menschen. Bedeutet schulischer Erfolg aber ganz allgemein: den Absprung in das Berufsleben finden – heutzutage von besonderer Aktualität –, kann das Christliche Jugenddorfwerk in der Tat mit seinen vielfältigen Ausbildungsmöglichkeiten praktisch jedem einen erfolgversprechenden Weg anbieten.

Das Curriculum: das schulische Angebot/ Unterrichtsorganisation

Das Gymnasium besitzt einen neusprachlichen Zweig mit der Sprachenfolge Latein oder Englisch ab Klasse 5 (Sexta), entsprechend Englisch oder Latein ab Klasse 7 (Quarta), ab Klasse 9 (Obertertia) Französisch.

Im mathematisch-naturwissenschaftlichen Zweig wird die Sprachenfolge Englisch/Latein geführt. An die Stelle der 3. Fremdsprache tritt ab Klasse 9 Chemie als neues Kernfach, außerdem wird je eine Wochenstunde Mathematik und Physik zusätzlich unterrichtet.

Im bayrischen Modell der Kollegstufe wird die 11. Jahrgangsstufe noch im Klassenverband geführt, sie dient aber schon der Einübung neuer Arbeitsweisen (selbständiges Arbeiten, Umgang mit Nachschlagewerken und Sekundärliteratur, Gruppen- und Partnerarbeit). Die Kursphase umfaßt die 12. und 13. Jahrgangsstufe. Der Unterricht folgt nicht mehr im Klassenverband, sondern in fachbezogenen Kursen. Das Angebot umfaßt im wesentlichen die bisherigen Fächer, es kann aber auch durch ein Ergänzungsprogramm aufgestockt werden (z.B. Chor, dramatisches Gestalten, Informatik). Innerhalb gewisser Grenzen, die nach wie vor eine solide Allgemeinbildung garantieren, liegt die Zusammenstellung des individuellen Stundenplans im Ermessen des Schülers.

Während der vergangenen Jahre sind folgende Kurse gewählt worden:

Leistungskurse: Deutsch, Englisch, Französisch, Wirtschaft/Recht, Mathematik, Physik, Biologie.

Grundkurse: Deutsch, Englisch, Französisch, Musik, Kunsterziehung, Geschichte, Erdkunde, Sozialkunde, evangelische und katholische Religionslehre, Mathematik, Biologie, Chemie und Sport.

Die Klassen der Unterstufe des Gymnasiums (5–8) werden als Ganztagsschule geführt, d.h. Präsentation und Einübung des Schulstoffes liegen in der Hand desselben Fachlehrers. Dabei lassen sich folgende Ziele leichter erreichen als in einer Halbtagsschule:

Anpassung des Lernprozesses an den kindlichen Lebensrhythmus

Freude am Lernen in geistig-seelischer Ausgeglichenheit

Einübung in die Lernformen von weiterführenden Schulen

Diese übergreifenden Prinzipien gelten auch für die Realschule. Der Übergang erfolgt in der Regel aus der 6. Klasse der Hauptschule oder des Gymnasiums. Falls kein befürwortendes Übertrittszeugnis der abgebenden Schule vorliegt, ist eine Aufnahmeprüfung erforderlich.

Die Realschule – mit Englisch als Fremdsprache – hat ab Klasse 8 die Wahlpflichtfächergruppen I und II:

I – Technischer Zweig mit den Schwerpunktfächern Mathematik, Physik, Technisches Zeichnen.

II – Kaufmännischer Zweig mit den Schwerpunktfächern Wirtschafts- und Rechtslehre, Rechnungswesen, Kurzschrift und Maschinenschreiben.

Neben dem Unterricht „am Berg“ hat die Realschule eine Dependance im Tal (Ortsteil Königssee). Dieser Schule ist eine kleine Wohngemeinschaft direkt angeschlossen. Hier finden Hauptschüler Aufnahme, die sich auf die weiterführenden Schulen vorbereiten möchten.

Beide Schulen arbeiten zusammen und bieten somit besondere Möglichkeiten der Durchlässigkeit der einzelnen Schulformen und damit der individuellen Förderung des Kindes und Jugendlichen.

Das Leben in der Schule – Schulleben

Jugenddorf bedeutet gemeinsam leben – Individualität bei gemeinsamem Tun.

Zu einer Christophorusschule gehört auch ein Internat. Im CJD bevorzugt man die Bezeichnung „Wohngemeinschaft“. Sie schließt neben den Schülern alle im „Dorf“ Lebenden mit ihren Angehörigen ein, seien es Schul- und Jugenddorfleiter, Lehrer und Erzieher oder natürlich auch die Mitarbeiter aus Büro, Küche und Werkstatt. Gut in die Landschaft eingebettet, besteht das Jugenddorf aus vierzehn unterschiedlich großen Häusern im alpenländischen Stil, in denen Speisesaal, Küche, Schülerunterkünfte, Mitarbeiterwohnungen und Freizeiträume untergebracht sind. Gruppen von jeweils etwa zwanzig Jugendlichen werden durch Erzieher (Sozialpädagogen) betreut.

Der hier sichtbar werdenden familiäre Stil des „Dorfalltags“ kommt in den als Rahmenrichtlinien für alle CJD-Einrichtungen verbindlichen „Ordnungen zum gemeinsamen Leben im Jugenddorf“ zum Ausdruck. Darin werden den Jugendlichen weitreichende Möglichkeiten der Mitwirkung und Mitverantwortung eröffnet. Der aus ihrer Mitte gewählte Jugenddorfrat ist dafür eine wichtige Plattform. Es ist selbstverständlich, daß an der Jugenddorf Christophorusschule Obersalzberg die in der Schulordnung vorgesehenen Einrichtungen der Eltern- und Schülervertretung besonders intensiv genutzt werden. Als fruchtbar hat sich dabei besonders das Schulforum erwiesen, in dem alle Beteiligten vertreten sind. Im Interesse der Gemeinschaft und der Einrichtung insgesamt wird die Trennung von Realschule und Gymnasium nur so weit vollzogen, wie es schulrechtlich erforderlich ist.

Das Leben im Jugenddorf auf dem Obersalzberg ist durch die Lage in 1200 m Höhe gekennzeichnet. Das Entstehen einer Gemeinschaft wird durch die natürlichen räumlichen Gegebenheiten begünstigt. Dafür, daß nicht ein Gefühl der Isolation aufkommt, sorgt schon der hohe Anteil externer Schüler. Die persönlichen Kontakte werden durch Einladungen zu regelmäßigen Besuchen bei Familien „im Tal" erweitert und gefestigt. Auf der anderen Seite muß der Situation entsprechend ein besonders breites Freizeitangebot speziell in der Form von Neigungsgruppen gemacht werden. Voraussetzung für die Persönlichkeitsbildung ist eine sinnvolle Freizeitgestaltung. Entsprechend den vom Gesamtwerk geförderten sportlichen und musischen Aktivitäten erstrecken sich die über dreißig angebotenen Neigungsgruppen etwa zur Hälfte auf den Sport vom Basketball über das Rodeln zum Schwimmen, zu einem Drittel auf die verschiedenen Bereiche der bildenden Kunst (Batik, Drechseln) sowie andere Gruppen wie Schachspiel, Modellbau oder Backen.

Eine herausragende Stellung nimmt der Schulchor ein, der mit seinen über hundert Mitgliedern (mehr als ein Fünftel der Gesamtschülerschaft) bei bayerischen Landeswettbewerben und bei den musischen Festtagen des CJD Deutschlands seit vielen Jahren regelmäßig Spitzenplätze einnahm. Bei diesem echten Schulchor ist jeder „Einsteiger" sofort willkommen. In der Kollegstufe werden Chor und Dramatisches Gestalten als Grundkurs angeboten.

Die Gestaltung der Wochenenden besitzt einen besonderen Stellenwert im Konzept des CJD. Neben Tanzstunde, Hausfesten, Theater- und Konzertfahren nach Salzburg, Kontakten zu anderen Internaten haben die Erlebnissportunternehmungen angesichts der Lage der Schule eine hohe Bedeutung: Skitouren, Bergwanderungen, Kletterkurse und Kanuausflüge mit dem Höhepunkt einwöchiger Wasserwanderungen durch das Altmühltal.

Besonderheiten

Gezielte Förderung und Integration von Problemgruppen in der Gemeinschaft

Jede Jugenddorf Christophorusschule hat nur eine Existenzberechtigung, wenn sie sich besonderer Aufgaben annimmt, die in der herkömmlichen Schullandschaft nicht gelöst werden können. Sie tritt also nicht nur als unmittelbare Konkurrentin staatlicher Schulen auf, ihr Arbeitsbereich geht über deren Aufgabenspektrum deutlich hinaus. Durch den Standort Obersalzberg haben sich die Problemfelder auf natürliche Weise ergeben. Heute sind zwei besondere, sehr unterschiedliche Gruppen in die Schulgemeinschaft integriert: Die Leistungssportler aus den Nationalkadern der Deutschen Wintersportverbände (Ski, Bob- und Rodelsport, Eisschnellauf) und die Asthmatiker. Es handelt sich jedoch weder um eine „Behindertenschule" noch um ein „Sportgymnasium", wie es die Presse mitunter verkürzend bezeichnet, denn auch der Breitensport wird sehr gefördert. Die Integration solcher Schülerinnen und Schüler in die normale Schulgemeinschaft hat sich sehr bewährt.

Therapeutische, sozialpädagogische und schulische Betreuung von Asthmatikern

Seit dem Bestehen der Schule konnte immer wieder beobachtet werden, daß, in erster Linie bedingt durch die für deutsche Verhältnisse ungewöhnliche Höhenlage, die Beschwerden asthmakranker Kinder im Jugenddorf spürbar geringer waren; in den meisten Fällen erfolgte nach längerem Aufenthalt eine weitgehende Heilung. Beim Neubau eines Internatsgebäudes wurde diesen Erfahrungen 1969 Rechnung getragen und ein Teil des Hauses für besonders ausgestattete Zimmer vorgesehen. Inzwischen haben Gutachten die wissenschaftliche Grundlage für die Entwicklung des heilklimatischen Schulzentrums Obersalzberg geliefert. Die an Asthma erkrankten Kinder und Jugendlichen erhalten eine umfassende medizinische, schulische, psychologische und sozialpädagogische Hilfe und Förderung, die als mehrgestaltige und differenzierte Langzeittherapie angelegt ist. Die therapeutische Betreuung liegt in den Händen medizinisch und pädagogisch ausgebildeter Fachkräfte, die unter Leitung eines Arztes stehen. Heilgymnastik und Diätkost sind therapieunterstützende Maßnahmen. Insbesondere während der ersten Stabilisierungsphase in heilklimatischer Umgebung, bei sehr schweren Krankheitsbildern natürlich auch längerfristig, muß auf häufige Unterrichtsversäumnisse Rücksicht genommen werden. Von seiten der Schule sind neben Stützungsmaßnahmen angemessene Fristen für die Nacharbeit des Versäumten einzuräumen, psychische Belastungen durch unnötigen Prüfungsdruck müssen dabei unbedingt vermieden werden. Selbstverständlich stehen alle „begleitenden Dienste" im Krisenfall oder bei Notsituationen auch den anderen Schülern mit Rat und Tat zur Seite. Da Asthma und Allergie nicht nur bei Realschule und Gymnasium auftreten, wurde dem Zentrum eine Schule für Körperbehinderte/Grund- und Hauptschule, Berufsförderung und Berufsfindung angegliedert; des weiteren, um die berufliche Perspektive für die jungen Erkrankten zu ermöglichen, eine Fachschule für Kinderpflege und eine Fachschule für Diätetik.

Herstellung einer beruflichen Chancengleichheit für Hochleistungssportler

Bei Hochleistungssportlern tritt das Nachholen nach längeren Schulversäumnissen noch viel stärker in den Vordergrund der schulischen Arbeit, bis hin zu den mit Unterricht ausgefüllten Oster- und Pfingstferien, in extremen Fällen auch eines Teils der Sommerferien. Die sportliche Betreuung wird vollständig von den Trainern der Verbände übernommen. Im psychologischen Bereich wird eine enge Zusammenarbeit mit der Schule praktiziert. Aus der skizzierten Aufgabenstellung ist leicht erkennbar, daß die sich immer wieder neu darstellenden Probleme nur mit großer Flexibilität und ständiger Bereitschaft, geeignete Lösungen für den Einzelfall zu finden, bewältigt werden können.

Hinweise auf verwandte Schulen

Im Rahmen des imponierend umfangreichen Christlichen Jugenddorfwerkes gibt es weitere Jugenddorf-Christophorusschulen in Altensteig (Schwarzwald), Braunschweig, Buchenhöhe (Berchtesgadener Nationalpark), Elze (Leinebergland), Oberurff (zwischen Kassel und Marburg) und Versmold (am Rande des Teutoburger Waldes).

Kollegium

Im schulischen Bereich sind Gymnasiallehrer und Realschullehrer tätig. Im Jugenddorf Erzieher und weitere Mitarbeiter.

Schulpädagogische Markierungen (Leseresumees)

Das Christliche Jugenddorfwerk Deutschlands hat eine imposante Zahl von pädagogischen Einrichtungen hervorgebracht. Es ist in seiner Pädagogik am evangelischen Glauben orientiert. Es hat eine in allen Einrichtungen konsistente Ausrichtung. Die Vielfalt der Institutionen ist beeindruckend.

Das vorstehende Porträt zeigt eine wieder noch andere schulische Konfiguration:

- Das *„Dorf“* ist ein Lebens- und Lernkosmos mit vielfältigen Kommunikations-, Lebens- und Arbeitsmöglichkeiten. Es repräsentiert eine bestimmte Ordnung mit großem Reichtum an Begegnungs- und Entwicklungsangeboten innerhalb und außerhalb des Dorfes.
- Gleichzeitig bekommen zwei sehr unterschiedliche Gruppen von Jugendlichen (Hochleistungssportler/-innen, Asthmatiker/-innen) eine ihrer Lage entsprechende *Förderung*.
- Eingebettet in diesen Kontext sind Gymnasium, eine Realschule, Grund- und Hauptschule, eine Schule für Körperbehinderte und berufliche Fachschulen. Somit handelt es sich um ein *Schulzentrum* im Jugenddorf, das eigentlich jedem ein seinen Begabungen und Neigungen entsprechendes An-

gebot machen müßte. Diese Vielfalt an einem Ort wünscht man sich immer wieder, um Bildungswegen – auch mit konsequenzarmen Korrekturen – eine ruhige Entwicklung zu geben.

- Eine *schöne Naturumgebung, ein Lebenskosmos* (das Dorf) und *differenzierte Lernangebote* – diese Trias ist für Heranwachsende ideal.

Der *Gesamteindruck* ist: In der Jugenddorf-Christophorus-Schule ist das realisiert, was man sich unter den Begriffen ganzheitliche Erziehung, Erlebnispädagogik, Ethos und Geist einer Schule, hohes Anregungspotential und großes erzieherisches Engagement, Schulzentrum vorstellt. Freilich ist mit ihr auch eine Einrichtung gegeben, die nicht nur die Familie ergänzt, sondern für lange Phasen eines Jahres auch ersetzt. Dies muß man akzeptieren und bejahen, wenn man sie für die eigenen Kinder in die engere Wahl zieht.

Waldorfschulen

Wenigstens mit einem Beispiel sollen die Waldorfschulen vorgestellt werden. Wie im folgenden Schulporträt erwähnt, haben diese eine unerhörte Entwicklung genommen. 150 Waldorfschulen in Deutschland, ca. 500 in der ganzen Welt – das ist überzeugender Beleg für die Attraktivität einer pädagogischen Idee. Waldorfschulinitiativen gibt es heute in vielen deutschen Städten. Die Regelschulen bekommen von der Waldorfpädagogik einen Spiegel vorgestellt, in dem sie ihre Defizite gut identifizieren können. Da ist eine selbstbewußt realisierte Pädagogik eigener Prägung, da entstehen oft – wie im Beispiel auch – Schulzentren, die mehrere Angebote enthalten, da ist die Hierarchie der Fächer endlich einmal aufgehoben, da ist der Schulerfolg – gemessen an den staatlichen Abschlüssen – erstaunlich gut: Zwei Drittel der Schüler/-innen haben das staatliche Abitur.

In fast allen Fragen, die die Gestaltung von Schulen betreffen, haben die Waldorfschulen eine eigene Antwort gefunden.

Man mag die Grundlage, die Anthroposophie Rudolf Steiners, nicht uneingeschränkt akzeptieren, die Waldorfpädagogik ist für viele Eltern ein attraktives pädagogisches Konzept. Die Schulgelder, die erhoben werden, sind offensichtlich kein Hindernis. Und bemerkenswert ist, daß zu vielen Waldorfschulen heute Waldorfkindergärten gehören. Damit beginnt die Wirksamkeit dieser Pädagogik bereits im Vorschulalter.

Rudolf Steiner Schule in Bochum
von Inken Saltzwedel

Vorstellung
Die Rudolf Steiner Schule Bochum ist eine von inzwischen 150 Waldorfschulen in der BRD und ca. 500 in der ganzen Welt, die nach der Pädagogik Rudolf Steiners arbeiten. Sie besteht seit 1958.

Rechtlich ist sie eine Ersatzschule; vom Konzept her eine Gesamtschule. Die Waldorfschulen sind die ältesten Gesamtschulen Deutschlands (1. Waldorfschule Stuttgart 1919). Sie umfaßt die Schuljahre 1–12 in zwei Zügen und die Vorbereitungsklasse für das Abitur. Zu unserer Schule gehört ferner eine integrierte Schule für Erziehungshilfe, die in einem Kleinklassenzug von Klasse 1–12 geführt wird und eine Fachschule für Sozialpädagogik. Eng verbunden mit unserer Schule, jedoch in eigener Trägerschaft, ist der Waldorfkindergarten mit sechs Gruppen.

Träger der Gruppe
ist ein Schulverein, dem alle Mitarbeiter und alle Eltern angehören, deren Kinder die Rudolf Steiner Schule besuchen. Somit sind die Eltern die Träger der Schule, sitzen im Vorstand und beraten in vielen Gremien mit.

Abschlüsse
Es können bei uns alle Abschlüsse erworben werden wie an vergleichbaren staatlichen Einrichtungen: Hauptschulabschlüsse Typ A und B, Fachoberschulreife und Abitur. Etwa zwei Drittel der Schüler schließen mit dem Abitur ab, danach folgt die Fachoberschulreife, seltener wird der Hauptschulab-

schluß erteilt. Alle Abschlüsse erfolgen nach den für Gesamtschulen/Waldorfschulen festgelegten Regelungen des Landes NRW. Darüber hinaus wird ein interner Waldorfabschluß nach Klasse 12 durchgeführt, dessen Schwerpunkt das Schreiben und Darstellen einer Jahresarbeit unter einem selbstgewählten Thema ist und der mit öffentlichen Darbietungen aus dem Unterricht, besonders den künstlerischen Fächern, festlich von der ganzen Schulgemeinschaft gefeiert wird.

Leistungsbeurteilung

Da die Klassen 1–12 nach dem Jahrgangsprinzip, also nicht nach dem Leistungsprinzip, geführt werden, gibt es auch kein Sitzenbleiben. Schüler können jedoch eine Klasse in der Regel auch nicht wiederholen, wenn sie es wünschen. Einmal im Jahr, am Schuljahrsende, wird ein umfassendes Textzeugnis ausgestellt, das in allen Fächern den Entwicklungsgang und den Leistungsstand des Schülers beschreibt und Empfehlungen ausspricht. Eine Charakteristik des Schülers, sofern sie nicht implizit in den Fachbeurteilungen enthalten ist, erscheint explizit nur in der Unterstufe (Klasse 1–8), die vom Klassenlehrer geführt wird, und im Abschlußzeugnis der 12. Klasse.

Durch die Korrektur und Kenntnisnahme der Epochenhefte kontrolliert der Lehrer sämtliche Hausaufgaben aller Schüler. Klassenarbeiten haben deshalb in der Regel zur Leistungsfeststellung keinen hervorgehobenen Stellenwert. Alle Beurteilungen erfolgen stets in Texten.

Pädagogisches Konzept

Die Gründung der ersten Waldorfschule kann man als aktuelle und unmittelbare Antwort auf die politische und soziale Unsicherheit im Deutschland von 1918 verstehen, als nach neuen Formen in der Gesellschaft und im Staatswesen gesucht wurde. Sie erfolgte durch die Initiative des damaligen Generaldirektors der Waldorf-Astoria Zigarettenfabrik in Stuttgart, Emil Molt. Er wollte für die Kinder seiner Fabrikarbeiter, die von allen Bildungschancen ausgeschlossen waren, eine Schule gründen nach neuen Gesichtspunkten, vor allem denen der sogenannten sozialen Dreigliederung, die er bei Rudolf Steiner kennengelernt hatte. Er bat daher Rudolf Steiner um Richtlinien für eine solche Schule, in die alle Kinder aufgenommen werden sollten, ohne Rücksicht auf Stand, Religion, Rasse und Einkommen usw. Damals wie heute sah und sieht man als Ziel an, die einzelne Persönlichkeit nach ihren Begabungen und Fähigkeiten umfassend auszubilden und zu fördern. Dabei stehen intellektuelle Fächer, künstlerische Fächer und das Handwerk gleichberechtigt nebeneinander, es gibt also keine Unterscheidung nach Haupt- und Nebenfächern. Es gibt aber auch keine Auslese nach dem Leistungsprinzip, was nicht heißt, daß nicht Leistung verlangt wird. In einer Klasse kann der Hochbegabte neben dem Schwachbegabten seine Schulzeit absolvieren und im Geben und wechselseitigen Nehmen vorwärts kommen, gleichzeitig aber auch eine soziale Schulung durchmachen. Denn der eine glänzt vielleicht in der Mathematik, der andere in Geschichte, der nächste im Schreinern oder in der Musik. So wächst die wechselseitige Achtung vor der einzelnen Persönlichkeit und der Würde des Menschen und führt letztlich zur Toleranz.

Der Lehrplan
kann hier nicht im einzelnen dargestellt werden, Interessierte finden reichhaltige Literatur (s. Schluß). Hier sei nur darauf verwiesen, daß alle Inhalte in der Weise an das Kind herangebracht werden, wie es seiner Entwicklungsphase entspricht und wie es Rudolf Steiner u. a. in seiner „Allgemeinen Menschenkunde" entworfen hat, die von jedem Unterrichtenden in einem schöpferischen Erkenntnisprozeß immer wieder neu begriffen werden muß. Insofern liegen die Unterschiede zu herkömmlichen Schulen vor allem in der Methode des Unterrichtens, weshalb an die dort Unterrichtenden auch besondere Anforderungen gestellt werden.

Kollegium
Unser Kollegium ist ein großes Kollegium mit nahezu hundert haupt- und nebenamtlich Unterrichtenden unterschied-

lichster Ausbildungsgänge und unterschiedlicher Nationalität, wie es der modernen multikulturellen Gesellschaft entspricht.

Die Unterrichtsgenehmigungen werden nach den dafür geltenden Richtlinien des Landes NRW erteilt. Qualifikationen sollen gleicher oder gleichwertiger Art zu denen sein, die an staatlichen Schulen gefordert werden, z.B. Examen für die Sekundarstufe 1 oder 2 für die entsprechenden Klassen. Einige Fächer, die an unserer Schule unterrichtet werden, kommen an staatlichen Schulen gar nicht vor, für sie gibt es eigene Ausbildungsgänge. Eine grundständige Ausbildung zum Waldorflehrer sowie eine Zusatzausbildung für Absolventen der staatlichen Ausbildungsgänge erfolgen an den dafür eingerichteten Lehrerseminaren oder in berufsbegleitenden Kursen.

Aufnahme

Als Schüler kann jeder kommen, der sich der bei uns gepflegten Pädagogik anvertrauen möchte, sofern seine Eltern auch bereit sind, diese mitzuverantworten. Denn die Schule arbeitet im Einvernehmen mit den Eltern und führt auch in Elternabenden und Vorträgen in die Pädagogik ein.

Schulgeld wird z.Z. erhoben, da das Land die Kosten der Schule nicht voll refinanziert. Bisher mußte jedoch noch niemand zurückgewiesen werden, der das Schulgeld nicht bezahlen konnte. Andere Eltern übernehmen dann Patenschaften oder suchen nach Wegen, wie der Schulbeitrag erbracht werden kann.

Verwaltung

Unsere Schule verwaltet sich selbst. In der Verwaltung sind neben qualifizierten Fachkräften auch Eltern und Lehrer tätig. Wir haben kein direktorales Prinzip, sondern ein republikanisches. Das ist oft mühsam, besonders bei schwierigen Entscheidungen, aber wir empfinden es als zeitgemäß.

Schulleben

In der Schule ist immer etwas los.

Es ist nicht einfach, etwas über unsere Schule zu schreiben, wenn der besondere Charakter der Schule herauskommen soll.

Morgens, wenn die ersten Busse anrollen, geht es schon los bei uns, und abends, wenn die letzten längst weg sind, brennt immer noch irgendwo Licht. Kurz nach acht, wenn die Nachzügler sich über den Schulhof trollen und durch die stillen Flure schleichen, sind die Klassentüren schon zu, an denen morgens die Lehrer stehen und jeden ihrer Schüler mit Handschlag begrüßen. Die Lehrer haben sie geschlossen, denn um acht fangen alle Klassen mit dem Unterricht an. Immer. Die Schüler sprechen um acht gemeinsam ihren Morgenspruch. Da kann ein Zuspätkommender nicht stören. Er wartet, bis das Gemurmel hinter der Tür abebbt und er am Scharren der Füße und Rücken der Stühle merkt: jetzt kannst du rein. Dann kommt er zumindest zum rhythmischen Teil zurecht, der nach dem Morgenspruch in allen Klassen beginnt. Da wird gesungen oder rezitiert, Zahlenreihen werden rhythmisch geklatscht oder mit den Füßen gestampft, da werden Sprechübungen gemacht: „Tritt dort die Türe durch!" oder „Nimm nicht Nonnen in nimmermüde Mühlen", da klingt ein Mozart-Chor auf oder wird bedachtsam in Hexametern skandiert. Das darf der Zuspätkommer nicht verpassen, denn das macht ihn erst richtig munter; danach ist er erst richtig drin in der Schule, wirklich angekommen, bei sich und in der Klasse. Und nun kann's beginnen, mit Rechnen, Pflanzenkunde, Geographie oder Geschichte. Einerlei, welche Epoche dran ist, er ist jetzt bereit zuzuhören und mitzumachen.

Der „Epochenunterricht" wird mindestens 100 Minuten jeden Morgen drei bis vier Wochen lang im selben Stoffgebiet erteilt. Im Epochenunterricht wird ein Fachgebiet nicht nur erarbeitet, sondern seelisch durchdrungen.

Epochenunterricht – das ist ein ganz genialer Kunstgriff, tief in ein Stoffgebiet einzudringen, sich tief mit ihm zu verbinden, so daß mehr dabei herausspringt als nur Fachwissen.

Jeden Morgen um acht mit dem Epochenunterricht in jeder Klasse ist schon das allermeiste los. Epochen versäumt man nicht. Man kann schon mal zu spät kommen, aber ganz fehlen, das ist schlecht. Denn Epochen werden nicht wiederholt, sie gibt es nur einmal in einem Schuljahr. Wer sie versäumt, fühlt sich um eine Lebenserfahrung ärmer.

Nach der Epoche und nach der großen Pause geht es dann noch einmal los. Da teilen sich die meisten Klassen in Gruppen, nun wird es wieder auf andere Art intensiv: Jetzt sind die Sprachen dran: Englisch, Französisch und Russisch (ab Klasse 1), da kommen die Künste: Musik, Malen, Zeichnen, Plastizieren, da kann man sich bewegen im Turnen oder in der Eurythmie, da haben die Handwerke ihren Platz: das Töpfern und Kochen, das Schnitzen und Schreinern, Korbflechten und Buchbinden, der Gartenbau und das Metalltreiben, Steinmetzen und Schmieden, Spinnen und Weben – das dauert in der Oberstufe bis in den Nachmittag hinein. Es ist in jeder Klasse immerzu etwas los. Und das ist auch gut so, denn wie sollen die Kinder sonst zu Selbsterfahrungen kommen, wenn wir sie nicht mit allen Kulturtechniken in Berührung bringen?

Mittags wird es ruhiger. Tatsächlich ruhiger, denn die Kleinen gehen nach Hause. Manchmal hat noch eine Klasse Hofdienst und fegt mit Lust und Geschrei Laub, Dreck oder Schnee vom Schulhof. Aber sonst kommt nun die Zeit der Großen.

Man kann sie im Malsaal treffen oder im Chemieraum, Seife kochend, man hört sie auf ihren Instrumenten üben oder auf der Bühne bei einer Theaterprobe deklamieren, man sieht sie in der Halle Kulissen malen oder auch die eigene Klasse neu streichen. Konservenmusik – Walkman oder Cassette – ist bei uns verpönt. Bei den großen Tanzfesten der Schule, dem Sommerball oder zu Fasching, können wir Musik auch „live" machen, wir haben genügend Orchester in der Mittelstufe und in der Oberstufe. Wenn doch einmal der Cassettenrecorder zu hören ist, dann aus der Turnhalle, dann haben die neunten Tanzstunde.

Abends nach acht tritt eine ganz neue Belebung ein. Dann sind die Parkplätze voll, dann sind die Eltern an der Reihe. Natürlich sind auch noch Schüler da. Das Redaktionsteam der Schülerzeitung „Yggdrasil" sitzt zum Beispiel im Computerkeller, wo sonst die elften Informatik haben, und macht bis tief in die Nacht Layout. Oder oben auf der Empore mühen sich unsere Beleuchter um die Einstellungen für das nächste Klassenspiel, auch hinten in der Turnhalle wird noch Basketball gespielt. Aber sonst sind die Eltern da zu einem Elternabend, einem pädagogischen Vortrag, einer Ausschußsitzung oder einfach einer der großen Veranstaltungen im Festsaal, über dessen Bühne die vielen Theaterspiele gehen. Jedes Schuljahr wieder haben wir ein Programm, das jedem „Großen Haus" zur Ehre gereichen würde: die achten Klassen spielen ihr Spiel, die 10./11. ein Fremdsprachenspiel, die 12. ihr Abschlußspiel. Zweimal im Jahr, im Advent und im Sommer, treten alle Orchester der Schule in einem Konzert auf. Wir legen Wert darauf, daß jedes Kind ein Instrument spielen lernt. Besonders aufgeregt sind jedoch alle, wenn es auf Johanni zugeht und jede Klasse in der großen Eurythmie-Aufführung zeigt, was sie sich im Schuljahr erarbeitet hat.

Zum Schulleben gehören die Monatsfeiern, das Michaelifest, Basare, zu denen das ganze Haus sich verwandelt, die Gestaltung von Weihnachten. Hinzu kommen Klassenfahrten, Exkursionen, Praktika auf dem Bauernhof und der Industrie.

Donnerstags ist es bei uns verhältnismäßig ruhig. Donnerstag nachmittags haben die Lehrer Konferenz: Pädagogische Konferenz und Verwaltungskonferenz. Da besprechen sie ausgiebig – und oft wird es sehr spät – was für die Schüler und die Schule von Belang ist.

Bund der Freien Waldorfschule e. V., Libanonstraße 3–5, 70184 Stuttgart

Dort alle Auskünfte über Ausbildungsstätten und Liste der bestehenden Waldorfschulen

Literatur

Einführend aus Elternsicht:
H. u. J. Bußmann: „Unser Kind geht auf die Waldorfschule", Reinbek 1990
einführend aus der Sicht des Waldorfpädagogen:

J. Kiersch: „Fragen an die Waldorfschule", Verlag Flensburger Hefte, 1991

darin enthalten reichhaltige Literaturangaben zu vielen Sachgebieten.

Schulpädagogische Markierungen (Leseresumees)

Die Waldorfschulen sind interessanterweise auch Gesamtschulen.

- Das Gestaltungsprinzip, Schule mit einer unselektierten *Schülerschaft* zu gestalten, und dies vom vorschulischen Alter bis zum Abitur, scheint immer dann besonders wichtig zu sein, wenn eine kind- und jugendlichengerechte Schule angestrebt wird. Dieses korrespondiert mit einer bestimmten Sicht vom Menschen und seinem Menschwerden.
- Wie immer wieder zu beobachten war und ist: *Alle Schul*abschlüsse des Regelschulwesens können erworben werden. Insofern ist die Chance, sich zunächst einmal optimal zu entwickeln und dann zu sehen, welcher Abschluß möglich ist, in diesen Schulen besonders groß.
- Die *Gleichberechtigung von intellektuellen Fächern, künstlerischen Fächern und Handwerk* entgegen der sonst üblichen Hierarchie der Fächer ist ein weiteres Gestaltungsprinzip. Dies korrespondiert eben in konsequenter Weise mit der Unterschiedlichkeit der Begabungen. Es gibt auch *kein Sitzenbleiben.*
- Die *Eltern* müssen die Waldorfpädagogik mittragen, wenn sie ihre Kinder zu einer Waldorfschule schicken.
- Die Organisation der Schule folgt dem *republikanischen Prinzip*, nicht einem direktoralen Prinzip.
- Das *Leben* in der Schule ist vielfältig und ereignisreich, der *Unterricht* folgt eigenen inhaltlichen Schwerpunkten und Rhythmen. Das Schulleben steht teilweise auf hohem künstlerisch-musischen Niveau (Theater, Orchester).
- *Die Eurhythmie* ist eine waldorfspezifische Form ganzheitlicher Menschenbildung.

Der *Gesamteindruck* ist: Die Waldorfschulen sind Schulen eigener Prägung in einem sehr konsequenten Sinne. Wer eine ganzheitliche Erziehung anstrebt, bei der frühe Leistungsdrillerei keine große Rolle spielen soll, wer sich auf im guten Sinne eigenartige Erziehungs- und Entwickungsvorstellungen einlassen und auch Schulgeld zahlen kann, für den ist die Waldorfschule sicher ein zu prüfendes Angebot.

Literatur

Arbeitsgemeinschaft Freie Schulen (Hrsg.): Handbuch Freie Schulen, Reinbek, 1988

S. Bai / E. W. Barkhoff u. a.: Die Rudolf Steiner Schule Ruhrgebiet, Reinbek, 1976

M. Bönsch: Schule verbessern, Hannover, 1990

M. Bönsch: Variable Lernwege. Ein Lehrbuch der Unterrichtsmethoden, Paderborn, 1991

M. Bönsch: Offener Unterricht in der Primar- und Sekundarstufe I, Hannover, 1993

M. Bönsch: Soziales Lernen in der Schule, Weinheim, 1994

M. Bönsch: Schüler aktivieren, Hannover, 1994. 3. Aufl.

Chr. Dannenmann: Keiner darf verlorengehen. Das Christliche Jugenddorfwerk Deutschlands. Ein Handbuch, Stuttgart – Bonn, 1988

B. Esser / Chr. Wilde: Montessori-Schulen, Reinbek 1989

D. Haarmann u. a.: Lernen und Lehren in der Grundschule, Braunschweig, 1977

Th. Hellbrügge: Unser Montessori-Modell, Frankfurt/M., 1984

H. v. Hentig: Was ist eine humane Schule?, München – Wien, 1977, 2. Aufl.

H. v. Hentig: Die Menschen starken, die Sachen klären, Stuttgart, 1985

H. v. Hentig: Die Schule neu denken, München – Wien, 1993

W. Keim (Hrsg.): Gesamtschule – Bilanz ihrer Praxis, Hamburg, 1976, 2. Aufl.

Th. F. Klaßen / E. Skiera / B. Wächter (Hrsg.): Handbuch der reformpädagogischen und alternativen Schulen in Europa, Baltmannsweiler, 1990

R. Laging / A. Skorka (Hrsg.): Reformschule Kassel, Schulstr. ZWO, Kassel, 1991
Lehrergruppe Laborschule: Laborschule Bielefeld: Modell im Praxistest, Reinbek, 1977
G. Mayer: Jenaplan im Sekundarbereich, Heinsberg, 1991
A. Regensbrecht / J. Dikow / A. Alder: 20 Jahre Friedensschule, Bilanz eines Schulversuchs, Münster, 1991
H. Retter (Hrsg.): Jenaplan-Pädagogik als Chance, Bad Heilbrunn, 1993
H.-G. Rolff: Brennpunkt Gesamtschule. Perspektiven der Schultheorie und Bildungspolitik, München, 1979
W. Schäfer / W. Edelstein / G. Becker: Probleme der Schule im gesellschaftlichen Wandel. Das Beispiel Odenwaldschule, Frankfurt/M., 1971
W. Schäfer: Erziehung im Ernstfall. Die Odenwaldschule 1946–1972, Frankfurt/M., 1979
E. Skiera: Die Jenaplan-Bewegung in den Niederlanden, Weinheim, 1982
E. Skiera (Hrsg.): Schulen ohne Klassen. Gemeinsam lernen und leben. Das Beispiel Jenaplan, Heinsberg, 1985

Leo Gehrig
Reden allein genügt nicht
Haltung und Verhalten in der Erziehung
Band 4246

Was tun bei Konflikten mit „den lieben Kleinen„? Beispiele und Anregungen für eine phantasievolle, ehrliche Eltern-Kind-Beziehung.

Roswitha Defersdorf
Ach, so geht das!
Wie Eltern Lernstörungen begegnen können
Band 4243

Damit die Lust am Lernen nicht zum Frust wird: Erprobte Hinweise, wie Eltern ihrem Kind helfen können, Lernblockaden abzubauen.

Emil E. Kobi/Heidi Roth
Kinder von Aggressiv bis Zerstreut
Ein Ratgeber für den Erziehungsalltag
Band 4182

Damit aus einer Kinderzimmer-Mücke kein Elephant wird: überzeugende Vorschläge, die Probleme lösen und Fehlentwicklungen erkennen helfen.

Walter Pacher
Ich will doch nur das Beste für mein Kind
Spielregeln und Übungen nach Gordons Familienkonferenz
Band 4119

Dieses jahrelang erprobte Modell bietet leicht nachvollziehbare Hilfen, die frischen Wind ins Familienklima bringen.

Rudolf Dreikurs/Loren Grey
Kinder lernen aus den Folgen
Wie man sich Schimpfen und Strafen sparen kann
Band 4055

Ein Erziehungsstil, der Kindern frühzeitig dazu verhilft, eigenständige Erfahrungen zu sammeln und mit Freiheit richtig umzugehen.